丛书编委会

大家精要

克劳塞维茨

夏征难 著

Clausewitz

陕西师范大学出版总社

图书代号 SK16N1485

图书在版编目（CIP）数据

克劳塞维茨/夏征难著.—西安：陕西师范大学出版总社
有限公司，2017.1（2024.1重印）
（大家精要）
ISBN 978-7-5613-8886-0

Ⅰ.①克… Ⅱ.①夏… Ⅲ.①克劳塞维茨（Clausewitz,
Karl Von 1780—1831）—传记 Ⅳ.①K835.165.2

中国版本图书馆CIP数据核字（2017）第002292号

克劳塞维茨　　KELAOSAIWEICI

夏征难　著

责任编辑	郑若萍
责任校对	马凤霞
封面设计	张潇伊
出版发行	陕西师范大学出版总社
	（西安市长安南路199号　邮编710062）
网　址	http://www.snupg.com
印　制	永清县晔盛亚胶印有限公司
开　本	650 mm×930 mm　1/16
印　张	10
字　数	100千
版　次	2017年1月第1版
印　次	2024年1月第2次印刷
书　号	ISBN 978-7-5613-8886-0
定　价	45.00元

读者购书、书店添货或发现印刷装订问题，请与本公司销售部联系、调换。

电话：（029）85303879　　传真：（029）85307864　　85303629

目　录

第 1 章

西方的"兵圣"

在西方，说到战争理论，似乎不能不提到《战争论》。该书自 1832 年面世以来，已再版二十多次，其各种译本在世界范围广为流传，被推崇为西方军事理论的奠基作，并被奉为军事院校的教科书和军官的必读书。克劳塞维茨本人，也与中国的孙武一样，被誉为西方的"兵圣"。

一、勤勉好学的青年军官

克劳塞维茨于 1780 年 6 月出生于普鲁士王国马格德堡附近布尔格镇的一个小税务官家庭。童年时，仅受过简单的初等教育，认得几个简单的拉丁文单词。不满 12 岁便被父亲带到波茨坦，送进费迪南德亲王的一个步兵团当士官生。

1793 年，当普鲁士同革命后的法国作战时，年仅 13 岁瘦弱的克劳塞维茨便参加了围攻美因兹城的战斗。他高举军旗，冒着呼啸的枪炮，引导部队冲击。初次战斗的规模虽不大，但法军胜利和普军失败的景象，给年幼的克劳塞维茨留下了极深的印象。

1795 年普鲁士与法国媾和后，15 岁的少尉克劳塞维茨随部队返回驻地诺伊鲁平。此间，书籍成了他最亲密的"朋友"。每当执勤回来，克劳塞维茨就把三角帽、银饰带和军刀挂在墙上，脱下军服，解开衬衫领子，坐在松木桌前，聚精会神地看起书来。军事、文学、哲学，古典的和现代的，本国的和外国的各种书籍，他都孜孜不倦地阅读。

他阅读了当时新出版的大量军事书籍，包括弗里德里希二世的军事著作，克内泽贝克的《对目前战争的考察及对其错误评价的原因》《最新战事文库》，贝伦霍斯特的《关于战争艺术及其发展的可靠性》，尤其对比洛的《新战争体系的精神实质》一书进行了探讨。同时还阅读了《关于法国人在这次大陆的革命战争中取得众多胜利和幸运的原因》《时代精神对军官的高度文明可能和应该有的影响》《论战争状态和国家追求的目标之间的关系》等文章。这些军事著作和文章对克劳塞维茨产生了重要影响。正是这种阅读，使克劳塞维茨的思想日新，胸襟日广。

1801 年秋天，克劳塞维茨被选送柏林军官学校深造，使之进入了在知识的海洋中遨游的新天地。在学习中，他潜心钻研军事理论，认真学习和研究了战略战术、军事地理、炮兵、筑城和攻城战等军事课程，同时还广泛涉猎了理论数学、应用数学、逻辑学、历史等学科，尤其爱听当时在柏林很有名望的康德主义者基塞韦特的哲学讲演。其中，基塞韦特的著作《根据康德学说原理的纯普遍逻辑概论》和《论批判哲学的最重要的真理》，对他研究康德哲学有很大帮助，并对他后来研究战争理论产生了重要影响。

克劳塞维茨在柏林军官学校学习期间，曾受到卓越军事教育家、当时领导该校教学工作的校长沙恩霍斯特的深刻影响。沙恩霍斯特担任校长不久就以其思想的精深而成为军官学校的灵魂。他常常告诫年轻的学生们，一个军官在青年时代没有学到的东西，以后是很难追补的。一个不学无术的军官是不能胜任其职务的，因为战时很多人生命甚至全军的命运都将维系其身上。沙恩霍斯特制定了一套系统的教学规定，包括建立严格的考试制度，不经考试任何军官都不得提升，并建议为高级军官开办进修班。他还亲自讲授战术和战略课，他的讲课不仅以军事艺术上的最新经验为基础，还反复阐述了计划在普鲁士进行军事改革的思想。

　　对此，克劳塞维茨曾回忆说，沙恩霍斯特那些经过深思熟虑所取得的观点是十分精深的。他不仅不辞辛苦地搜集包括拿破仑各次战局在内的大量战史，力图使听课的学生清晰地了解事情的过程，而且还从大量的真实事件出发，用循循善诱的方式，力求使学生通过正确的理解得出结论或自然而然地归纳出一般原理。尽管沙恩霍斯特与克劳塞维茨在地位和年龄上很悬殊，但彼此却十分投缘，沙恩霍斯特为发现一位天资聪颖的学生而高兴，克劳塞维茨也为找到一位博学多才、治学严谨的"精神上"的导师而欣喜，使他们很快便建立了一种珍贵而难得的忘年交。

　　两年的军校生活结束后，由于克劳塞维茨成绩优异，深得沙恩霍斯特的赏识。沙恩霍斯特按成绩把毕业学员分为四等，而一等只有两个人，其中就有克劳塞维茨。沙恩霍斯特在报告中评价道："从能力、判断力、勤勉和学识各方面，他们都出类拔萃。"并在克劳塞维茨的文凭上注明："少尉冯·克劳塞维茨的论文特点是对全书的判断异常正确，叙述朴实而中肯。他在数学和军事学方面具有深邃的知识。"

经沙恩霍斯特推荐，克劳塞维茨担任了普鲁士奥古斯特亲王的副官。其间，克劳塞维茨经常出入宫廷，得以频繁接触柏林上层社会和广泛结识知识界的人士，通过各种倾听和观察，深化了他对当时精神和政治生活及社会事件的认识。同时，他还利用休息时间，经常参加沙恩霍斯特主办的"军事协会"活动，继续进行军事理论研究，并侧重研究了在这一时期起主导作用的法国军事著作，撰写和发表了一些批判比洛等人军事著作的文章，以及论及政治、哲学等问题的研究文章。

此间，克劳塞维茨除继续听热衷于宣传康德哲学的基塞韦特教授的哲学课外，还研究了瑞士史学家米勒的《瑞士史》等著作，尤其阅读了他所喜爱的德国剧作家和诗人席勒的《尼德兰的叛离》，以及歌德和莱辛的作品。

1806年10月，在第四次反法联盟对法战争中，克劳塞维茨随奥古斯特亲王再一次走上战场，参加了奥尔施塔特会战，退却时与亲王一起被法军俘虏，被解送法国度过了近一年的战俘生活。克劳塞维茨在被俘期间，为摆脱蒙受屈辱的痛苦，攻读法语，研究数学、音乐、文学及雕塑、绘画艺术，每到一地，便学习研究当地的语言、风土人情等，调查了解社会情况，并有意结识一些著名作家、教育家，把拘留变成了"深造旅行"。但他研究最多的还是军事，并拟订了一份关于奥地利在参加反法战争情况下的作战计划草案，提出了一些已经接近改革思想的有益主张。

1807年11月，克劳塞维茨与奥古斯特亲王一起获释回国。他根据这段经历，用约四个月的时间，写了一份长达十四页的备忘录——《关于普鲁士未来对法作战行动》，对以后可能发生的战争作了预测和探索。

二、军事改革的精英人物

1808 年普鲁士军队实行大改组时，克劳塞维茨就任军事改革委员会主席办公室主任，积极协助作为军事改革的主将沙恩霍斯特将军主持的军事改革工作，克劳塞维茨充分发挥了其"笔杆子"的作用，起草了许多重要的决策性文件。

当时，普鲁士军队的军官普遍老化，训练墨守成规，装备在欧洲是最差的。为维持这样的军队，普军主要靠实行全欧洲声名狼藉的体罚。士兵稍有过错，就要遭到耳光、军棍以至夹鞭刑。按当时的普鲁士军法，被判夹鞭刑的罪犯，戴着手铐和脚镣，嘴里衔着铅块，赤裸上身穿过两百个士兵每人手持用盐水泡过的榛树枝或桦树枝组成的可怕巷道。他的前面有两个班长用短枪顶着其胸膛，免得其走得太快，另两个班长在其背后，防止其转身或逃跑。还有几个军官在队列外与受刑人并行，以监视施刑是否严格，如果哪个执刑的士兵打得不够重，也要受夹鞭刑。受刑人往往被打得皮开肉绽，鲜血直流，以致丧命。在当时的普鲁士军队中，夹鞭刑成了家常便饭。克劳塞维茨本人也曾在普军多次目睹士兵受夹鞭刑的惨景。

针对这种情况，沙恩霍斯特和克劳塞维茨从管理制度、征兵体制、训练方法以及装备改进等一系列问题上，对普鲁士军队动了"大手术"，包括改革兵役制，在普军中以义务兵制取代雇佣兵制，以普鲁士人取代从各处招募的外邦人，废除体罚，废除贵族在军队中的特权等。尽管军事改革困难重重，但在沙恩霍斯特和克劳塞维茨等人的努力下，还是取得了重大进展。旧的军事体制被打破，新的军事体制开始建立；不称职的军官被清除，每个士兵不问家世和出身，而靠知识和勇敢都可获得晋升的机会；速成兵制度使新军得以建立，军事训练得到加强，民众的尚武精神也空前强烈。

关于克劳塞维茨同沙恩霍斯特在军事改革委员会组建普鲁士新军时的合作，军事改革委员会的重要成员、后来成为陆军元帅的格奈泽瑙在一次同克劳塞维茨的谈话时这样评价道："您是沙恩霍斯特的约翰，我仅仅是他的彼得。"（这是用《圣经》故事作比喻，约翰是耶稣最亲近的门徒，彼得则是耶稣最坚强的门徒。）

1809 年，克劳塞维茨调到总参谋部工作，并参加了整编后的军队为期三周的秋季演习，丰富了他在部队指挥方面的实际经验。1810 年夏，克劳塞维茨在总参谋部晋升为少校，并被任命为柏林军官学校战略学和战术学教官，同时还担任给 15 岁的王太子讲授军事课的任务。这样，他又有机会对自己积累的知识和经验从理论上加以概括。在他为此而准备的八本总计二百四十四页的讲授提纲中，已经初步勾勒出其战争学说的大致轮廓。

同年 12 月 17 日，克劳塞维茨与经过七年艰辛而又漫长恋爱的玛丽结成终身伴侣。他们在柏林玛丽教堂举行了婚礼，然后到幽静乡村度蜜月。白天，他们一道在白雪皑皑的森林和田野散步；晚间，又在噼啪作响的壁炉旁闲坐，充满诗情画意。除夕，他们又回到柏林自己安排得舒适的新居。尽管他们在婚后未能生育子女，但在共同的精神事业中却硕果累累。

当时，拿破仑战争震慑整个欧洲。普鲁士人民要求摆脱异国统治，一些富有爱国热忱的将军如沙恩霍斯特、格奈泽瑙等反对屈服于拿破仑。克劳塞维茨受沙恩霍斯特等人委托，于1812年2月写成了著名的《三个信念》，提出了进行民族解放战争的思想，指出民众战争在民族解放事业中将起决定性作用。其中写道：

"民众战争就在眼前，如果你们咒骂民众战争的有害后果，那就首先咒骂逼起民众战争的那些人吧。要是你们以人类行动的法官自居，那么你们不应判被压迫者有罪，因为他是弱者，你们应该主持正义，咒骂使这种灾祸成为不可避免的人……现代战争是全民的战争。不是国王打国王，不是一支军队打另一支军队，而是一个民族对另一民族作战，国王和军队都包括在民族之内。"

"我相信并且认定：

"一个民族必须把自己生存的尊严和自由看得高于一切；

"它应不惜流尽最后一滴血来保卫其尊严和自由；

"这是民族应该尽的最神圣的责任，应该服从的最高法律；

"怯懦投降的污点是永远擦不掉的；

"民族血液中的这一滴毒液遗传给子孙，会削弱和败坏后一代的力量；

"荣誉只能丧失一次；

"国王和政府的荣誉同民族的是一致的，是民族利益的唯一保证；

"一个为自己的自由而豪迈战斗的民族，大多是不可征服的；

"即便经过光荣的血战仍丧失了自由，也可以保证民族复兴，它是生命的种子，会扎下更坚实的根，长出新的树。"

然而，普王非但没有宣布对法作战，反而同意派兵随同法军进攻俄国。于是，克劳塞维茨怀着悲痛的心情，愤然辞去普军军职，告别妻子和亲友，起程去俄国，在俄军总参谋部担任沙皇顾问富尔将军的中校副官。

三、参加反拿破仑的战争

1812 年 6 月，拿破仑征募五十多万军队向俄国宣战。大战一触即发。克劳塞维茨经过十一天的辗转，到达沙皇大本营所在地维尔纳。在这里，遇见了格奈泽瑙等旧朋新友。格奈泽瑙把克劳塞维茨介绍给俄皇亚历山大一世，称赞这个朋友是"最优秀的人才之一，在军事艺术方面造诣很深"，并特别提到克劳塞维茨编写的《将领须知》一书，称之"胜过所有已发表的类似著作，值得译成俄文，以便最后根除一些由学者的学派狂、无知以及军士的狂妄在军事艺术上形成的原则"。亚历山大一世对这位有发展前途的普军少校表示欢迎，并安排他以总参谋部中校的身份，任富尔将军的副官。

其后不久，拿破仑发动了对俄战争。起初，克劳塞维茨除受命到德里萨检查正在构筑的防御工事，并为预定进入营垒的俄第一军团选定开进途中的宿营地外，还在富尔离职后，在巴克莱军团撤退时到一个后卫师里任补给官，并在就任后不久参加了几次战斗。

同年 7 月 25 日，在奥斯特鲁夫诺村附近，法军与俄军后卫遭遇。第二天，在各森林地又发生了几次战斗。克劳塞维茨所在帕伦师和科诺夫尼齐姆师实施了三次反突击，将法军击退。

8 月 16 日，拿破仑企图袭击在斯摩棱斯克会师的俄军，并决定发动攻击夺取该城。俄军奋力反击，战斗异常激烈，双方损失都很大。克劳塞维茨也参加了这场激烈的争夺战。

在几个星期的退却战斗中，克劳塞维茨几乎没有脱掉衣服休息过，多半是在野外露营。对此，他在到达斯摩棱斯克和莫斯科之间的多罗果布施村给妻子玛丽的信中写道："我们已经进行过多次激烈战斗，但是还没有发生会战。在维特根施泰因和托尔马索夫翼侧的几次战斗，打得很顺利。其他多半是后卫战斗，我们的部队在这些战斗中获得很多荣誉，但是军队伤亡很大，只取得消极的利益……战斗中的劳苦是罕有的。九个星期以来天天在行军，五个星期没有换过衣服，天气炎热，尘土飞扬，水很难喝，还要常常忍受饥饿的煎熬。到目前为止，除很少几次外，我都是在露天过夜……尽管如此劳苦，我的身体却比在柏林时还要好。只是关节炎有时折磨我，牙齿几乎不断地疼痛……还掉头发，双手由于已有两个星期没有手套戴，看起来像黄皮革……如果这场战争还要经过一次会战，那么，我希望在下次会战中能发挥较大的作用。"之后，帕伦将军重病不起，其骑兵师解散，克劳塞维茨被派到乌瓦罗夫骑兵军任参谋长。

在博罗季诺会战中，克劳塞维茨所在的部队担任后卫，并目睹了莫斯科的大火。他在战斗间隙伏在弹药箱上写给玛丽的信中描述说："我参加了某些战斗，包括9月7日的战役（在博罗季诺附近），这对我来说是很富有教益的。正当你在10日写信之际，我们在米洛拉多维奇将军指挥下进行了一场激烈的后卫战，战斗一直持续到深夜。我的一匹马受了伤。从莫斯科退却时我在后卫，我们在城后附近固守，当夜就看到这座城市处处起火。在我们白天经过城内各街道时，街上躺满了重伤员，其中绝大部分——约二万六千人以上——要被烧死，想起来实在可怕。"

由于作战勇敢，经帕伦将军和乌瓦罗夫将军先后两次提名，克劳塞维茨获得了圣·符拉迪米尔勋章。之后，克劳塞维茨奉命前往彼得堡。而此前亚历山大一世已下令任命他为里加要塞的参谋长。接着，又被暂派到维特根施泰因将军的军中工作，并参加了其率北路三万人由北向南夹击拿破仑的战斗。

克劳塞维茨在从波里索夫发出的信中写道："十多天来，我又置身于战斗行动之中了，我是在维特根施泰因军中，当我到达这里时，正是解决一个最关键的症结的时刻，现在这个症结已经解除了，灾难已经过去；虽然这次苦战本应起更大的决定作用，但从整个战局看，还是满意的。"

这一年的12月，克劳塞维茨作为俄军的主要联络官，协助说服同辅助法军作战的普鲁士约克将军反对拿破仑，并缔结了结束俄、普两军敌对关系的《陶罗根协议》。

1813年1月，克劳塞维茨随俄军回到普鲁士。同年4月，担任俄普联合军团驻布吕歇尔军团的联络官。

同年5月，在吕岑之战中，投身俄普联军同法军激烈混战并进行数小时肉搏战的克劳塞维茨这样写道："在这里，谁也别想真正超群出众，我曾手拿战刀奋杀在一营敌军之中，如在其他场合一个参谋将校这样做，可算是出类拔萃了，但是在这里，所有人都是这样做的，或是类似这样做的……"

6月28日，克劳塞维茨的"精神之父"沙恩霍斯特因在大格尔申会战中负伤并伤势恶化与世长辞，克劳塞维茨悲痛欲绝。他在悼词中称沙恩霍斯特"是当代最杰出的人物之一"，是"最引人注目的政治家和军人之一"，并深有感触地认为：

"在成千上万个应该感谢他、爱戴他的人中，没有谁比我受恩更深了。"

在同年 9 月的格尔德战斗中，由于时任瓦尔莫登军参谋长的克劳塞维茨出色的谋划和部署，歼敌五百人，击伤八百人，俘虏一千八百人，还缴获了八门大炮和十五车弹药。战斗胜利后的第三天，克劳塞维茨因作战有功被晋升为俄普联合军团俄国皇家上校。

不久，莱比锡会战，法军失败，俄普联军占领巴黎，拿破仑宣布退位并被放逐厄尔巴岛。次年，克劳塞维茨重返普鲁士军队，晋为上校。

1815 年 3 月，被囚禁的拿破仑秘密逃离厄尔巴岛，在巴黎复辟。欧洲各国再次组成了反法联盟。

同年 6 月 16 日，拿破仑集中优势兵力发起利尼之战。战斗中，克劳塞维茨指挥部队且战且退，好不容易才摆脱法军的重骑兵。他这样写道："我们这一军沿着通往慕尔的公路设防。公路已为其他各军的无数车辆隔断，他们因为是沿这条路来的，便把这条公路当作其退却线。敌军骑兵肆无忌惮，夜间还进行了一次夜袭，幸亏波赫默尔营的机智果断，才将敌人击退。"

18 日，由于法军援军未到，因兵力悬殊难以抵御，全线崩溃。拿破仑率少数随从逃离战场。联军以急行军向巴黎挺进。克劳塞维茨所在的布吕歇尔军团第三军加入了追击的行列。关于追击拿破仑的艰辛，他与道："为远征法国，我们可怜的士兵付出无限劳苦。自 20 日，我们前进了五十英里，这在粮秣奇缺、经常露营和阴雨绵绵的情况下是十分艰难的……我们以强行军经过哈姆、贡比涅、达马尔坦、阿尔让特伊、圣惹尔曼，环绕巴黎行进，夜以继日，一步不停，直到现在。行军极度劳苦，以致有些人因无法忍受而自杀，还有些人死在中途。"

战后，克劳塞维茨被任命为驻科布伦茨一个新建军的参谋长，并开始总结拿破仑战争的经验，从事战争理论的研究。

四、失意中潜心著书立说

1818 年 5 月 9 日，克劳塞维茨被任命为柏林军官学校校长。同年 9 月晋升为少将，时年 38 岁，这大概是当时军中最年轻的将军。

克劳塞维茨原想以沙恩霍斯特的精神培养未来的指挥官，以使他们能胜任所面临的伟大任务。然而，事实却让克劳塞维茨大为失望，因为军官学校的校长是一个只能管行政不得过问教育的职位。这也表明了当权者对他的态度。

克劳塞维茨对此极为愤懑，曾试图脱离军事另谋其他工作，却遭到了国王的拒绝。而在军官学校，别人在授课，他却只能坐在自己的房间里，处理单调得令人窒息的例行公事：审核履历表，处理违纪学生，安排入学和毕业问题等。每天早晨，副官进来，不声不响地鞠个躬，呈上公文，很少有事需要讨论。克劳塞维茨经常默默地签署各类文件，若碰到不合意的呈文，便立即涂了重写。这种无所事事的日子使得他不能充分发挥自己的才干而痛苦。

此间，克劳塞维茨常常和妻子玛丽在好客的格奈泽瑙家中与一些可以信赖的朋友聚会，开诚布公地交谈，其中有黑格尔、施特芬斯、劳赫、申克尔，以及格德的女友玛莉和其他许多精神世界的代表人物。慢慢地，一项计划逐渐在克劳塞维茨心中孕育成熟：著书立说，把自己的思想和想说的一切写下来留给后世。于是，他开始了日复一日的著述工作。

每天清晨，克劳塞维茨便在妻子玛丽的写字台上奋笔疾书，从事巨大的著述工作。玛丽协助他摘录其他著作的引文，抄写他的笔记草稿；或克劳塞维茨口述自己的思想，由玛丽记录。9 时左右，克劳塞维茨除处理必要的事务外，往往一直工作到 12 点左右。午饭后，除会见客人或出门回访外，通常又继续写作。深夜，万籁俱寂，他时常一边口述一边在房间慢慢地踱步，时而走到窗前，眺望夜空，陷入深思……克劳塞维茨在柏林军官学校的十二年间，有十年以上用于著述。

对此，与玛丽共同出版克劳塞维茨遗著的卡尔·冯·格勒本曾评价说："克劳塞维茨寻求真理，也找到了真理，因为他热爱真理，而且是以一种少有的批判才能去热爱它的。像克劳塞维茨这样集如此敏锐的思考力，如此深厚的感情和细微的感觉于一身的情况是罕见的。……他不仅是军事科学和作战方面的杰出人才，而且也是名副其实的卓越政治家。"

克劳塞维茨平时是个沉默、近乎羞怯和谨慎的人。因此，他的著述工作除极少数密友知道外，绝不让任何其他人知道。并且他也担心他的著作会招致不必要的责难甚至讥讽。但他期待和相信他的著作会得到后世的理解并发挥应有的作用。他曾自信地对格奈泽瑙说，他估计他的著作将在战争理论上引起一场革命。

起初，克劳塞维茨采取"孟德斯鸠研究问题的方法"，只是把对问题的想法写成简短的格言式的篇章，也就是他所说的"谷粒"，随着研究的深入，他把这些短文串起来，发展成长篇，并力求把多年思考的结果总括为一部不是在两三年后即被人们遗忘，而是使对此有兴趣的人经常翻阅的著作。

在克劳塞维茨看来，写一部有思想、有内容和有系统的战争理论并不是不可能的，但绝不能写那些人人都知道的、谈论过千百遍的、并已为大家接受的泛泛的东西。为了从战争的广度和深度去阐明战争的本质，为了最大限度地弄清这个问题，克劳塞维茨阅读了大量前人和同时代的哲学、历史和军事理论著作，依据自己的作战经历，认真回忆了历次战争经历，并悉心研究了一百三十多个大大小小的战例，撰写了论述荷兰独立战争、古斯塔夫二世·阿道夫战争、路易十四战争、弗里德里希二世战争、拿破仑战争、1812 年卫国战争以及 1813 年德意志解放战争等许多战史研究的评论，还整理总结了自己所亲身经历的几次战争的经验，写下了许多重要的战史著作。在此基础上，进一步综合提高，使之上升为系统的军事理论。其名著《战争论》就是这样产生的。

为了使这部著作更臻完善，克劳塞维茨打算再作一次大的修改。不料，1830 年春，他被调到炮兵部门工作。于是，不得不中断自己这项十分心爱的战争理论建树工程，他将未经修改的《战争论》手稿三千多页分别包封起来，贴上标签，准备以后有机会再作修改。

克劳塞维茨在把底稿封好前写道："在我死后人们将会发现这些论述大规模战争的手稿，像目前这个样子，只能看作对那些用以建立大规模战争的理论的材料的搜集。其中大部分我是不满意的。而且第六篇还只能看作一种尝试，我准备对这篇进行彻底改写并另找论述的方法。""但是在这些材料中一再强调的主要问题，我认为对考察战争来说是正确的。这些问题是我经常面对实际生活，回忆自己从经验中和同一些优秀军人的交往中得到的教益而进行多方面思考的结果。"

　　然而，克劳塞维茨却一直未得到重新修改其著作的机会。同年 8 月，克劳塞维茨到布勒斯劳任第二炮兵监察部总监。12 月又被调任格奈泽瑙军团担任参谋长之职。1831 年 11 月 16 日，克劳塞维茨在回到布雷斯劳的第八天，不幸染上霍乱死在妻子的怀抱中，终年 51 岁。

　　卡尔·冯·格勒本在他的悼词中写道："军中也许有不少大才智同克劳塞维茨争长较短，但在他们之中，不论任何时候都很难找出一个比他更富有条理的头脑。他对军事艺术的理解是他进行最深入研究的和经验的结晶。从广义上说，他的观点为最高的政治所制约，是伟大的，因而既简洁又实际。他的遗著可以向那些不熟悉他的人证实这一点。"

　　克劳塞维茨死后，他的妻子玛丽投入全部身心，仅用半年多的时间，便陆续整理出版了《卡尔·冯·克劳塞维茨将军关于战争和战争指导的遗著》共十卷，其中的第一、第二、第三卷就是《战争论》，其余各卷主要是对战史的研究和评论。

　　尽管《战争论》是一部未完成的作品，但由于克劳塞维茨注意运用德国古典哲学的辩证法考察战争问题，因而阐发了一些"在战争理论中引起一场革命的主要思想"：

　　"战争无非是政治通过另一种手段的继续。"

　　"政治意图是目的，战争是手段，没有目的的手段永远是不可想象的。"

　　"政治贯穿在整个战争行为中，在战争中起作用的各种力量所允许的范围内对战争不断产生影响。"

　　"消灭敌人军队和保存自己军队这两种企图是相辅相成的，因为它们是相互影响的，它们是同一意图不可缺少的两个方面。"

"不管军事行动从现象上看多么简单，并不怎么复杂，但是不具备卓越智力的人，在军事行动中是不可能取得卓越成就的。"

"知识必须变成能力。"

"军队的武德是战争中最重要的精神力量之一。"

"一般说来，民众战争应该看作战争要素，在我们这个时代突破了人为的限制的结果，看作我们称之为战争的整个发酵过程的扩大和加强。"

"防御这种作战形式绝不是单纯的盾牌，而是由巧妙的打击组成的盾牌。"

"数量上的优势不论在战术上还是战略上都是最普遍的制胜因素。"

"战争理论应该'培养未来指挥官的智力，或者更确切地说，应该指导他们自修，而不应该陪着他们上战场……'。"

"光辉的战例是最好的老师。"

…………

克劳塞维茨独特的人格及其经历，特别是其战争理论经典——《战争论》，给后世留下了极其宝贵的精神财富。

第2章

时代的产物

克劳塞维茨生活的时代，正是近代欧洲工业革命、民族革命和民族解放运动相继发生大变革的时代。法国爆发了震撼世界的资产阶级革命，随之而来是震撼整个欧洲的拿破仑战争。与此同时，德国发生了哲学革命，进而形成了德国古典唯心主义辩证法。这些都为《战争论》的产生提供了重要的实践和理论基础。

一、深受法国革命及拿破仑战争的影响

18 世纪 80 年代，在法国、爱尔兰、瑞士、荷兰和比利时，先后爆发了资产阶级革命和民族解放运动，欧洲奔涌着革命的高潮。其中，1789～1794 年的法国大革命，则是继 17 世纪英国工业革命后的一次更彻底、更深刻的革命。1789 年 7 月 14 日，法国巴黎人民举行起义，攻占巴士底狱，革命由此爆发，并迅即席卷全国。1792 年 8 月，巴黎人民举行第二次起义，推翻了封建统治，于 9 月成立了法国历史上第一个资产阶级政权——法兰西共和国。

法国大革命是一次彻底深刻的资产阶级革命。它从根本上摧毁了法国千百年来腐朽的封建制度，扫荡了法国的封建势力，沉重打击了专制君主制度、封建贵族和教会等欧洲封建体系，并用资产阶级统治取代了封建特权阶级的统治，建立了法兰西共和国，开辟了资产阶级革命的新道路，推动了欧洲和拉丁美洲各国的资产阶级革命和民族解放运动，促进了资本主义更大规模地发展。马克思曾把英法资产阶级革命称为欧洲范围内的革命，但同时认为，法国资产阶级革命则不仅在时间上，而且在内容上，都比英国资产阶级革命前进了一个世纪。

随法国资产阶级革命接踵而至的，便是震撼整个欧洲的拿破仑战争。1789年法国大革命爆发后，欧洲各君主国惶恐不安，奥、普率先出兵干涉。继1793年奥、普、英、荷、西、撒丁、那不勒斯等结成第一次反法联盟之后，从1793年至1815年，普鲁士、奥地利、俄罗斯、英国等极端仇视法国革命的欧洲君主们，先后七次结成反法联盟，对法国进行大规模的武装干涉，企图扼杀新生的资产阶级共和国。在此形势下，拿破仑于1799年11月上台执政。从此，欧洲进入拿破仑时代，而在此期间法国与反法联盟进行的战争，被称为拿破仑战争。然而，法国资产阶级在粉碎外国侵略军的武装干涉后，又企图称霸欧洲。在近二十年的时间里，进行了一系列大规模的掠夺性战争。从1794年法国的"热月政变"开始，特别是1799年拿破仑执政以后，对外大举进兵，遭到各被占领国及其人民的强烈反对，最终导致拿破仑在滑铁卢一败涂地。

拿破仑战争虽然失败了，但它在军事上则表现了资产阶级的进步性，即由法国资产阶级革命创造的新的作战体系，大大优于旧的封建君主制度下的作战体系，因而对资产阶级军事理论的形成和发展产生了深刻的影响。恩格斯曾对法国革命和拿破仑战争所创造的军事科学作了高度评价，认为拿破仑已经把资产阶级的战略战术"发展到那样完善的程度"，以至于他同时代的将军们"一般的不仅不能胜过他，而且只能试图在自己最光辉和最成功的作战中抄袭他罢了"。

拿破仑这种新的作战体系的主要特征是：废除了旧军队实行的雇佣兵制，实行了全民征集制，使民众得以广泛参战；将原先单独编组的步兵、炮兵和骑兵，混合编组到新成立的军、师统辖中，加强了兵种之间的协同，提高了军队独立作战的能力；打破了从贵族中选拔将帅的传统观念，废除了对士兵的体罚制度，使军队的性质发生改变；减轻了庞大的行李辎重，实行粮秣就地征集补给等以战养战的方针，使军队的机动力大为提高；摒弃落后的线式战术，创造了纵队和散兵相结合的战术，适应了新的作战特点；等等。总之，法国资产阶级革命及拿破仑战争的实践，宣告了封建专制主义陈腐落后的旧的战争学说的彻底破产。

与之相反，18世纪末的普鲁士，基本上还是一个分散落后的封建主义国家。政治上是由许多小君主国组成的联盟，四分五裂，极不统一。经济上是个农业国，以手工业为主的封建生产关系占统治地位。军事上各邦仍保留着落后的雇佣军队，采用落后的线式战术。克劳塞维茨虽然在政治上信仰落后的封建君主制度，反对法国资产阶级革命，在军事上长期与拿破仑为敌。但是，他又通过自己的亲身经历，看到了"法国革命战争突然打开了一个同过去完全不同的战争现象的世界"，这些现象"在拿破仑所指挥的战争中形成了一套最好的方法，带来了使所有人惊叹的成果"；看到了统治当时军事学术领域的所谓永恒不变的作战原则和一成不变的战术，同普鲁士军队一起被送进了坟墓；看到了战争规模和作战方式所发生的巨大变化，以及旧的军制和落后的作战方法已不能适应战争发展的需要，它迫使人们必须用批判的眼光重新认识战争，并从理论上加以总结，提出崭新的看法。也正是这种客观形势的逼迫和主观认识的需要，使得克劳塞维茨对法国资产阶级革命战争尤其是拿破仑战争在军事上的成就十分重视，他不仅把拿破仑称为"战争之神"，而且还积极主张仿效法国改革普鲁士封建的军制和落后的战略战术原则。因此，在《战争论》中，不仅有对拿破仑战争胜利经验的总结，而且也有对拿破仑战争失败教训的借鉴。

二、深得德国古典唯心主义辩证法启迪

法国大革命如同霹雳一样震撼了德国，它曾一度激起了德国资产阶级反对封建主义的热潮。然而，当法国资产阶级把封建暴君路易十六送上断头台，建立起雅各宾的专政，特别是看到在法国资产阶级革命中，无产阶级和广大劳动群众所表现出的巨大力量之后，德国资产阶级震惊了。由于德国资产阶级进化论无论在政治上、经济上，还是军事等方面，都非常软弱无力，它还不能像法国资产阶级那样，形成一股与封建势力对抗的统一力量。于是，德国资产阶级为了达到既表示自己的革命心愿，又不触动封建贵族根本利益的目的，便在意识形态领域寻找出路。

18世纪末到19世纪初形成的以康德、费希特、谢林、黑格尔为代表的德国唯心主义哲学，就是这样一种反映德国资产阶级二重性的意识形态。

德国古典唯心主义哲学最突出的表现就在于，他们具有丰

富的辩证法思想。特别是黑格尔，其最大功绩就是在进一步批判形而上学思想的基础上，恢复并发展了辩证法这一最高的思维形式。而在当时，法国资产阶级革命对军事学术所产生的巨大影响，迫切要求人们用辩证的思维方法，去重新认识有关战争的新现象和新问题，这就决定了克劳塞维茨借鉴德国古典唯心主义辩证法作为分析战争问题的方法的必然性。

克劳塞维茨早在柏林军官学校学习期间，就已通过康德主义者基塞韦特间接领会了康德哲学。当时，克劳塞维茨经常到校外听有益于自己修养的课程。其中，哲学课是由在柏林很有名望的哲学家基塞韦特教授讲授。克劳塞维茨特别爱听基塞韦特教授所作的哲学讲演。基塞韦特在普及和解释康德哲学方面有重要贡献，并出版过《根据康德学说原理的纯普遍逻辑概论》和《论批判哲学的最重要的真理》两部著作。它们对克劳塞维茨研究康德哲学有很大帮助。两年后，当克劳塞维茨以优异成绩完成学业，被举荐担任奥古斯特亲王的副官期间，他仍经常去听基塞韦特教授的哲学课，对康德哲学一直保持着深厚的兴趣，并深受康德哲学的影响。

克劳塞维茨还受过费希特哲学的影响。1808 年，当法军占领柏林后，费希特曾发表了著名的《对德意志民族的讲演》。对此，克劳塞维茨在给其未婚妻玛丽的信中写道："我认为，费希特在某些问题上处理得很恰当；只是觉得整个说来是抽象的……假如现在有时间到他那里去上哲学课，那一定会给我带来很大乐趣；因为他有一种我非常喜欢的论理方式，而且我感到自己身上的所有抽象论理的倾向被这些读物唤起来了，并受到新的鼓舞。"

另外，克劳塞维茨在柏林军官学校担任校长期间，曾经常与同时代的一些卓越人物在格奈泽瑙家中聚会，其中就有黑格尔。当克劳塞维茨致力于《战争论》的著述工作时，正值黑格尔哲学在德国处于主宰地位。所以说，在后期对克劳塞维茨思维方法影响最大的应是黑格尔哲学。列宁就曾指出，克劳塞维茨战争哲学的"思想受胎于黑格尔"。譬如，黑格尔哲学与克劳塞维茨战争哲学，都是以所谓客观精神构建理论体系的。黑格尔认为，在自然界和人类社会出现以前，存在着一种在人之外的客观精神，即所谓的"绝对观念"。这种"绝对观念"是一切事物的本原，世界上任何现象，无论是自然的、社会的和人类的思维，都由它派生出来，是它的表现。黑格尔的整个哲学体系，就是对作为世界主体的"绝对观念"由潜在到展开过程的描述。

克劳塞维茨在《战争论》中所提出的"绝对战争"的观念，就相当于黑格尔的"绝对观念"，也是指一种客观精神的东西。他还强调，在创立战争理论时，应"把战争的绝对形态提到首要的地位，并且把它看作研究问题的基本出发点……以便在可能和必要的场合使战争接近这种绝对形态。"也就是说，与黑格尔相类似，克劳塞维茨试图把所谓"绝对战争"，作为其战争理论体系的基本出发点和必然归宿，并且他也的确是从"绝对战争"的概念出发阐述其战争理论体系的。与黑格尔所不同的是，克劳塞维茨虽然从抽象概念出发，但并未满足于纸上谈兵，而是很快摆脱了那种高悬于半空的飘浮状态，提出了"现实战争"这一反映战争实际的概念，对战争现象进行了较为客观的分析，从而提出了不少符合战争实际且很有创见的认识，使其战争理论观点在一定程度上接近了唯物主义。

尤为重要的，是克劳塞维茨从黑格尔哲学中学到辩证的方法。在欧洲哲学史上，黑格尔堪为第一个自觉把辩证法和形而上学视为两种对立的思维方法，并以破形而上学、立辩证法为己任的哲学家。黑格尔哲学最重要的成果，就是辩证的方法，尤其是在其神秘外壳中所包含的关于发展和内在联系的思想。诚如恩格斯所指出的："黑格尔第一次——这是他的巨大功绩——把整个自然的、历史的和精神的世界描写为一个过程，即把它描写为处在不断变化、转变和发展中，并企图揭示这种运动和发展的内在联系。"

同样，克劳塞维茨战争理论最重要的成果，也是其考察战争的辩证方法。他把通过揭示战争同周围事物之间的关系以探明战争的实质，看作研究战争问题应一贯遵循的重要原则。他曾明确指出："本书的科学性就在于探讨战争现象的实质，指出它们同构成它们的那些事物之间的联系。"他认为，研究复杂的战略理论，必须具备"了解其中各种事物之间的必然联系"的观念。他还要求战争理论"应该指出各种事物之间的相互关系"，"使人们了解大量的事物和它们之间的关系"。克劳塞维茨还把发展观用于战争问题的研究，打破了垄断17、18世纪在战争起因问题上的"生物论"等谬见，摈弃了在作战思想上永恒不变的原则，破除了因袭的战争理论公式，进而突破了长期以来统治当时军事学术领域的形而上学的壁垒。

总之，克劳塞维茨之所以能在19世纪的历史条件下，写出《战争论》这样的战争理论巨著，一是由于有法国资产阶级革命的社会进步环境，以及与此相伴的拿破仑战争所引发的巨大军事变革，二是由于克劳塞维茨自觉运用德国古典唯心主义辩证法这一在当时最先进的思维方法，去认识有关战争的新现象和新问题，因而其战争理论不仅高于以往的资产阶级军事理论家，而且他还开辟了一条研究战争的新路子。

第3章

阐发在战争理论中引起革命的主要思想

克劳塞维茨耗费了毕生精力，付出了艰苦的劳动，希望他的著作将来能够流芳百世。在他看来，写一部有思想、有内容和有系统的战争理论并不是不可能的，但绝不能写那些人人都知道的、谈论过千百遍的，并已为大家接受的泛泛的东西。他的抱负是要写一部不是两三年后就会被人遗忘，而是对此有兴趣的人经常翻阅的书。为了避免用啰唆的语言吓跑有头脑的读者，避免在少数好东西里渗入清水，克劳塞维茨宁可把自己对战争问题经过多年思考而获得的东西，把自己同许多了解战争的天才人物交往中和从自己的许多经验中获得的东西，铸成纯金属的小颗粒献给读者。

克劳塞维茨的《战争论》共分3卷8篇124章。其中，第1卷包括第1至第4篇：第1篇《论战争的性质》，第2篇《论战争理论》，第3篇《战略概论》，第4篇《战斗》；第2卷包括第5篇《军队》，第6篇《防御》；第3卷包括第7篇《进攻》（草稿），第8篇《战争计划》（草稿），以及《作者在1810、1811和1812年为王太子殿下讲授军事课的材料》《关于军队的有机区分》和《战术或战斗学讲授计划和提纲》等附录，总共约七十万字。克劳塞维茨曾声称："第1篇第1章是全书唯一已经完成的一章。这一章至少可以指出我在全书到处都要遵循的方向。"因而可以把第1章看作全书的总纲总则。在他看来，第1篇至第6篇还待继续修改，第7篇和第8篇可以作为全书的归纳总结。

尽管《战争论》是一部尚未完成的著作，但如前面所说，克劳塞维茨注意运用德国古典哲学的辩证方法考察战争问题，因而阐发了诸如"战争无非是政治通过另一种手段的继续"等一系列在战争理论中引起一场革命的主要思想。

一、战争无非是政治通过另一种手段的继续

在克劳塞维茨的战争学说中，最受人重视和最具有学术价值的，就是他第一次明确提出了"战争无非是政治通过另一种手段的继续"的著名论断，并由此第一个基本正确而全面深刻地阐明了战争与政治的关系。

战争与政治的关系，并不是克劳塞维茨的发现。早在克劳塞维茨之前，就有一些军事家和军事理论家不同程度地涉及过这个问题。如在中国古代，春秋时期的大军事家孙武，曾把决定战争胜负的因素归纳为"五经""七计"，并把"道"列为"五经"之首，把"主孰有道"作为"七计"的第一计。而他所说的"道"，就属于政治范畴。孙武还指出："善用兵者，修道而保法，故能为胜败之政。"可见，孙武不仅已直观地看到了政治对战争的制胜作用，而且还较自觉地把政治作为决定战争胜负的首要因素。战国时期《司马法》一书提出的"正不获

意则权，权出于战"，也包含有战争是政治的特殊手段的萌芽思想。同时期的军事家尉缭更是精辟地阐述道："兵者，以武为植，以文为种。武为表，文为里。能审此二者，知胜败矣。"他把军事比作植物的躯干，把政治比作植物的种子，认为军事是从属的，政治是基本的，军事是政治的表现形式，政治是军事的实在内容。这就进一步指出了政治与军事的主从关系。

在近代，欧洲一些军事家和军事理论家也意识到战争与政治之间的关系。如英国的军事理论家劳埃德认为，一个国家的政治结构及其政治对士兵性格的影响不亚于地理因素。普鲁士的军事理论家比洛在探讨军事科学问题时，曾把战略划分为政治战略和军事战略，并指出："政治战略和军事战略的关系，就像军事战略与战术的关系一样，而政治是最高一级的。"

一些与克劳塞维茨同时代的军事家也对战争与政治的关系作过某些探讨。如普鲁士军事改革家沙恩霍斯特就曾指出，所有时代的经验都证明，一切不将政治观点与军事上的可能性紧密结合起来，不将政治与战争艺术紧密结合起来的计划，都很少能产生大的效果。普军上校马森巴赫于1808年分析普鲁士战败的原因时也曾写到，普鲁士的贻误来源于错误的国家制度。这种国家制度没有把平时的计划与战时的计划联系起来，它把政治和战略看作根本不同的两种东西。其实，这两者是一个统一体，好像一对精神上的夫妇，是追求同一目标的。法国军事统帅拿破仑在谈及古罗马君主恺撒、马其顿王亚历山大和迦太基将领汉尼拔等人的作战原则时指出："保持兵力集中，不让他们有容易攻破的地方，高速度地赶往极重要的据点，善用士气、部队荣誉和由这些因素所引起的恐惧心，善用政治手段保证同盟者的忠诚和诱使被征服的各民族驯服。"在这里，"诱使被征服的各民族驯服"，虽暴露了拿破仑的政治立场及其对外战争的侵略扩张性质，但他把"善用政治手段"作为战争制胜的作战原则，则表明他已看到战争与政治的联结关系。

上述这些论述虽已开始接触对战争本质的认识，但总的看，还都只局限于一些战争现象的罗列，并且较为朴素、零碎和肤浅。相比之下，克劳塞维茨探索战争与政治问题的系统性和深入性，不仅在他以前，而且就是在他死后的二百多年来的整个军事理论的文献中，也是绝无仅有的。克劳塞维茨关于"战争是政治通过另一种手段的继续"的著名论断，主要包括以下一些基本内容。

政治产生战争

在克劳塞维茨以前，对于为什么会产生战争的问题，历来众说纷纭，莫衷一是。多数理论都对此作了种种错误的解释。例如，所谓战争宗教论认为，战争是由神支配而产生和结束的；所谓战争生物论认为，战争产生于人类好斗的生物本能和欲望；所谓战争种族论认为，战争产生于种族之间的差别；等等。也有少数理论对这个问题作了较正确的解释，如中国古代战国初期的军事家吴起指出："凡兵之所起者有五：一曰争名，二曰争利，三曰积恶，四曰内乱，五曰因饥。"他已直观地触及了战争发起的经济和政治的原因。

克劳塞维茨则摒弃了在战争起因问题上的种种错误理论，依据政治与战争相互联系的观点明确指出，政治是整体，战争是部分，政治产生战争。他认为，在考察战争与政治这两个相互矛盾着的因素时，既应注意对它们进行分别的研究，又应善于把它们结合成为一个统一体，进而从总体的意义上认识战争的起因问题。在克劳塞维茨看来，这个在分析的基础上被综合起来的统一体的概念就是："战争只不过是政治交往的一部分，而绝不是什么独立的东西。""战争仅仅是由政府与政府、人民与人民之间的政治交往引起的。"

克劳塞维茨认为，甚至于当现实战争成为完全是敌对感情不受限制的发泄时，也必须像上面那样看问题。因为所有那些作为战争的基础和决定战争的主要方向的因素，如敌我双方的力量、同盟者，以及人民和政府的特点等，都带有政治的性质，都同整个政治交往紧密结合而不可分割。因此，必须把现实战争"看作另一个整体的一部分，而这个整体就是政治"。对此，克劳塞维茨还十分形象地比喻说，政治"是孕育战争的母体，战争的轮廓在政治中就已经隐隐形成，就好像生物的属性在胚胎中就已形成一样"。也就是说，作为社会共同体的战争，"总是在某种政治形势下产生的，而且只能是某种政治动机引起的"。

例如，拿破仑战争主要就是在法国大革命的影响下产生的。由于法国资产阶级革命从根本上摧毁和动摇了欧洲各国封建统治的根基，因而引起了欧洲各君主国统治者的极端仇视，并组成反法联盟，出兵围攻法国。对此，拿破仑利用法国大革命的积极成果和觉醒了的法国人民奋起抵抗，打退了反法联盟的联合进攻，胜利保卫了革命。然而，拿破仑粉碎外国侵略军的干涉后，又企图称霸世界。在近二十年的时间里，进行了一系列大规模的掠夺性战争。1806年，拿破仑在柏林颁布了一项《大陆封锁令》，企图从政治上孤立和从经济上打击当时的劲敌英国。虽然拿破仑也看到，针对英国的"大陆封锁"政策，同时也给欧洲其他国家带来了经济生活上的困难，难以实现预期目的。并且沙俄与英国勾结日益紧密，使得沙皇俄国这个欧洲封建专制的强大堡垒，总有一天还要重新与他争霸欧洲。拿破仑曾对自己的近臣说过："战争已经不可避免了。尽管为了我，为了亚历山大皇帝，为了法、俄两国的利益，都是不应该有战争的。"但一种建立世界大帝国的强烈欲望，驱使拿破仑不断走向战争，以致引起整个欧洲列强起来反对法国，从而使拿破仑因奉行霸权主义政策而最终在滑铁卢败北。

由此不难看出，拿破仑早期进行的战争，是由法国大革命政治引起的革命和正义的民族战争；而其后期进行的战争，则已转变为推行其"大陆封锁"政策引起的霸权主义战争。

在《战争论》中，克劳塞维茨还特别指出，尽管军事已经有很大发展，它较之过去更加纷繁复杂，但它仍然不能脱离政治，战争的主要轮廓仍然只能由政治当局，而不是由军事当局决定的。并认为，完全可以根据这一观点来说明历史事件。他着重列举了资产阶级革命引起军事变革的事例。在18世纪末期的欧洲，军事上曾出现了惊人的变革。这种军事上的变革，使人们在战争中取得了一些在过去难以想象的规模巨大的成就。然而，人们往往局限在狭窄的军事范围，去寻找大变革的原因。实际上，如果从更广泛的领域进行考察的话，就不难发现，这种军事上的大变革"与其说是由作战的新手段和新观点引起的，不如说是由彻底改变了的国策和内政、政府的特点和人民的状况等引起的"。进步的政治只有能够正确地估计法国的觉醒力量和欧洲中新产生的关系时，才能预见到战争的特点及其主要轮廓，进而确定战争所必须使用的手段和选择使用手段的最好途径。可见，不仅引起战争的最初动机是政治，而且"就连军事艺术的实际变革也是政治变革的结果，这些变革不但不能证明两者是可以分割的，反而有力地证明了两者是紧密结合的"。

克劳塞维茨还进一步揭示出"战争是政治产生的"这一观点，对于认识和研究战争所具有的重要的方法论意义。他写道："我们首先应该根据由政治因素和政治关系产生的战争的特点和主要轮廓的盖然性来认识每次战争，而且时常——在今天，我们甚至可以说在大多数情况下——都必须把战争看作一个各个部分不能分离的有机的整体，也就是说，各个部分的活动都必须汇集到整体中去，并从整体这个观念出发。这样，我们就会完全确信和明白，借以确定战争主要路线和指导战争的最高观点不能是别的，只有是政治观点。"即是说，战争的最初是政治，战争是由政治引起的。

政治操纵战争

克劳塞维茨说："既然我们认为战争是政治目的引起的，那么很自然，这个引起战争的最初的动机在指导战争时应该受到极大的重视。"他曾把战争的目的具体区分为"战争行为的目的（即军事上的目标）"和"战争的政治目的（即通过战争所要达到的目的）"。并认为，这两种战争目的比较起来，战争的政治目的更为基本。因而又可以把战争的政治目的和战争行为的目的看作目的和手段的关系。就是说，"政治意图是目的，战争是手段，没有目的的手段永远是不可想象的"。

为了形象地说明这种关系，克劳塞维茨还从政治操纵战争的角度，把它们比喻为头脑（手）和工具的关系。他指出："政治是头脑，战争只不过是工具，不可能是相反的。""战争不仅是一种政治行为，而且是一种真正的政治工具。""我们在任何情况下都不应该把战争看作独立的东西，而应该把它看作政治的工具，只有从这种观点，才有可能不致和全部战史发生矛盾，才有可能对它有深刻的理解。"

他还在1827年12月22日给罗德尔少校的信中写道："我们必须认识到战争是一种政治行为，它的规律不完全是自己决定的。它是一种真正的政治工具，工具本身不能活动，要靠手来操纵，而操纵这一工具的手就是政治。"他还形象地论述说，政治可以根据自己的需要，把战争这个摧毁一切的要素，变成一种单纯的工具。就是说，既可以把它作为一把用双手和全身气力才能举起做致命一击的可怕的战刀，也可以把它作为一把轻便的进行冲刺、虚刺和防刺的佩剑和比赛用剑。

战争既然从属于政治，就必然会带有政治所具有的特性。政治越是宏伟而有力，战争也就越宏伟而有力。克劳塞维茨还特别强调指出，"政治目的的性质、我方或敌方的要求的大小和我方的整个政治状况，事实上对战争起着最有决定性的影响"。简而言之，战争必须服从政治意图的支配。譬如，尽管拿破仑曾运用卓越的军事艺术取得了辉煌的军事胜利，但又恰恰是他奉行霸权主义的政治导致其在滑铁卢的最后失败。按照拿破仑自己的说法，似乎"滑铁卢之战抹去了"他所获得的"一切胜利的记忆"。那么，拿破仑在滑铁卢的失败，是不是仅仅由于普军司令布吕歇尔巧妙地摆脱了法军的追击，率普军主力猛攻法军右翼所造成的呢？即便拿破仑能侥幸躲过滑铁卢一劫，难道就不会有第二个滑铁卢吗？

事实上，导致拿破仑在滑铁卢的最后失败，不仅仅是军事上的原因，而主要是政治上的原因。拿破仑一直梦想建立一个世界大帝国，正是这个政治野心始终主宰着其思想和行动，致使其不断树敌，连年征战，并激起了欧洲各封建帝国以及各国人民的强烈反对，最后使其在政治陷入孤立的境地。显然，霸权主义政治是拿破仑所以失败的最根本的原因。诚如恩格斯所说，拿破仑在滑铁卢的失败，有着政治方面和战略方面的原因，"其中主要的原因就是同盟国方面在兵力上占有巨大的优势，一个四分之一世纪内连年战争因而力量消耗殆尽的国家，已不可能癫狂抵抗整个武装起来的世界对它的进攻"。毛泽东也曾从政治上明确指出："拿破仑的政治生命，终结于滑铁卢，而其决定点，则是在莫斯科的失败。"

上述论述都表明，与其说拿破仑是败于欧洲封建的军事力量，倒不如说主要是败于其霸权主义政治。在政治上，拿破仑树敌过多，其政治野心大大超过了实际的力量。他一心想打败妨碍其建立世界大帝国的英国，力图制服可能与其争霸的沙俄，因此在登上欧洲大陆的霸主宝座后，并未就此止步，而是在外交政策和军事政策上，都为建立世界大帝国而不断进行冒险。拿破仑实行恃强凌弱的对外政策，导致了被压迫国家和附属地对他的日益不满。拿破仑虽与奥地利结亲，娶了奥皇弗兰茨的女儿做皇后，但联姻并不能联盟，对奥地利的战争仍使彼此的矛盾不断恶化，致使奥地利参加第六次反法联盟来反对他。拿破仑虽与沙俄缔约，但各自心怀鬼胎，致使相互背信，干戈再起。拿破仑强迫各附庸国都实行其对付英国的"大陆封锁"政策，结果招致普遍不满，不仅严重阻碍了附庸国的经济繁荣，同时也给法国资产阶级生产的发展带来不利影响。

概言之，拿破仑的霸权主义政治致使其树敌过多，却仍然采取穷兵黩武的军事政策，其结果只有失败。另外，还可以用国外军事家对1813年的莱比锡会战的评述，来说明政治对具体战争的"操纵"作用。英国的马歇·康华尔将军曾从政治的角度对莱比锡会战作了这样的分析：对于莱比锡的惨败，拿破仑本人应负责任。因为他在政治上想维持易北河之线来作为其帝国的东疆，所以他忽视了面对数量优势的联军的那种不可能的军事任务。从汉堡到德勒斯登的拉直距离为二百四十英里，而河川线则更长，一个有决心的敌人可以从许多点上渡过。但是他在汉堡却留下了三万人的兵力，由其最佳的军长达弗率领坐守孤城。在这一线的另一极端上，他又把圣西尔和毛顿的三万人留在德勒斯登。如果把这六万人由优良将领指挥之下的部队加在一起，则他在莱比锡也许还可能获胜。所以拿破仑是由于政治的雄心牺牲了军事天才。

政治贯穿于战争

在探讨这个问题时，克劳塞维茨批评了这样一种观点，即认为战争在爆发之后，就脱离政治而成为一种独立的东西，一种按自己路线发展的东西。他论述说，现实战争并不是极端的行为，它的紧张程度并不是通过一次爆炸就能消失。它仿佛是暴力的脉冲，有时急有时缓，有时快有时慢地消除紧张和消耗力量。换句话说，它是有时迅速有时缓慢地达到既定目的的。但是，在这两种情况下，战争都有一段持续的时间，足以接受外来的作用，作出某种改变。也就是说，政治贯穿于战争发展的全过程，它不会因战争的爆发而中断。并且，政治还贯穿于各种不同类型的战争中。

克劳塞维茨还由此进一步深化了其"战争无非是政治交往通过另一种手段的继续"的论断。他生动并用设问的方式阐述道："我们所以说用另一种手段，就是为了要同时指出，这种政治交往并不因战争而中断，也不因战争而变成某种完全不同的东西，无论使用怎样的手段，政治交往实质上总是继续存在的；而且，战争条件所遵循并受其约束的主要路线，只有是贯穿整个战争直到媾和为止的政治交往的轮廓。难道还可以做其他设想吗？难道随着外交文书的中断，人民之间和政府之间的政治关系也就中断了吗？难道战争不正是表达它们的思想的另一种文字和语言吗？当然，战争有它自己的语法，但是它并没有自己的逻辑。"

总之，"政治贯穿在整个战争行为中，在战争中起作用的各种力量所允许的范围内对战争不断发生影响。"在任何时候任何情况下，都不能使战争离开政治交往。否则，就会割断构成关系的一切线索，就会得到一种毫无意义和毫无目的的东西。如在拿破仑战争中，就始终贯穿着民族政治利益和阶级政治利益交织而成的主线。对此，苏联学者叶·维·塔尔列曾这样评述道："击溃敌人，以便迫使他们接受自己的意志，使他们长期地、牢固地、'永远地'臣服于自己，从这时起，按照自己的意志来写战败国的历史，如果不能完全做到这一点，那也要影响它的历史——这就是拿破仑认为需要战争、冲击、远征、进攻的原因。拿破仑从来不需要徒劳无益的即不会带来直接政治利益的胜利。"

战争是以剑代笔的政治

在战争与政治关系的问题上，克劳塞维茨在考察政治决定战争一面的同时，还考察了战争反作用于政治的一面。他认为，尽管战争是由政治目的引起的，战争必须服从指导战争意志的支配，但政治目的并不"因此就可以任意地决定一切，它必须适应手段的性质"。因为战争虽然也是一种政治交往,但它又是一种与人类其他政治交往不同的活动方式,"是政治交往的继续,是政治交往通过另一种手段的实现。如果说战争有特殊的地方,那只是它的手段特殊而已"。比如,面对封建欧洲和资产阶级英国的反法联盟,战争在拿破仑那里,成了实现其政治目的的工具,成了实现其政治主张的一把双刃剑,兼有反封建、反干涉和谋取霸权两种功能。

克劳塞维茨还在论述战争手段的特殊性时指出:"战争是一种巨大的利害关系的冲突,这种冲突是用流血的方式进行的,它与其他冲突不同之处也正在于此。"还说:"军事艺术在它最高的领域内就成了政治,当然不是写外交文书的政治,而是打仗的政治。"又说:"战争就其主要方面来说就是政治本身,政治在这里以剑代笔,但并不因此就不再按照自己的规律进行思考了。"

克劳塞维茨还对战争的特殊性作过一个比喻:战争像贸易。他认为,贸易是人类利害关系和活动的冲突,战争也是人类利害关系和活动的冲突。不过,战争的这种冲突是通过战斗和流血的方式来解决的。这种战斗和流血的方式,就像现金支付同期票交易的关系一样,不管兑现的期限多么远,不管兑现的机会多与少,但最后总还是要兑现的。也就是说,无论采用什么样的战争手段,但最终都必须依靠战斗和流血的方式解决战争问题。

他在 1827 年 12 月 22 日写给罗德尔少校的信中特别指明,军事艺术必须在总的方面要求政治方针和政治意图不同战争手段发生矛盾,而且这种要求是至关重要的。他写道:"军事艺术的任务和权利主要在于不使政治提出违背战争性质的要求,在于防止政治使用这一工具时因不了解工具的效能而产生错误。"即是说，战争必须要求政治与之相适应，如若政治不了解战争的特殊性，而随意向战争提出违背其性质的要求，那么，就必将招致战争的失败。

他论述说，如果政治提出战争所不能实现的要求，就会违背政治应该了解它想使用的工具这一必不可少的前提；如果政治能正确判断战争事件的进程，就会同战争的目标相适应。如果政治期待从某些战争手段和措施中，得到同战争的性质不相符合而又不可能得到的效果时，政治就会通过它的决定作用对战争发生有害的影响；而如果政治与战争的目标相一致时，就能够对战争发生有利的影响。他打比方说，如同一个人有时用不十分熟练的语言，无法表达正确的思想一样，政治也常常会作出某种不符合自己本来意图的决定，这种情况也促使人们认识到，进行政治交往时，必须对军事有一定程度的了解。

不过，在要求政治必须了解战争并与之相适应的同时，克劳塞维茨还是认为："无论这样的要求在某种情况下对政治意图有多大，仍然只能把它看作对政治意图的修改而已。"在这里，克劳塞维茨特别提出，如果要使一次战争完全同政治意图相符合，而政治又完全同战争手段相适应，最好的办法，就是应有一个既是政治家又是军人的统帅。这种统帅首先应该作出的最重大和最有决定意义的判断就是："不应该把那种不符合当时情况的战争看作他应该从事的战争，也不应该想使他所从事的战争成为那样的战争。"

克劳塞维茨的上述思想表明，不懂得战争要受政治的操纵制约，把战争凌驾于政治之上，必然打不好仗；但不了解战争有自己的特殊规律，以为懂得政治就可以代替战争指导，同样会吃败仗。克劳塞维茨通过上述战争与政治关系的辩证探讨，从根本上否定了长期以来把战争描绘成脱离社会政治而独立存在的错误观点，基本正确而又全面深刻地揭示了战争的政治本质，使人们对战争的认识大大地前进了一步。

列宁曾写道："一位非常有名的战争哲学和战争史的著作家克劳塞维茨说过一句名言：'战争是政治通过另一种手段的继续。'这句名言是著作家在拿破仑战争时代之后不久，对战争史做了考察，从中得出了哲学教训后说的。现在这位著作家的基本思想无疑已经为一切善于思考的人所接受。"

列宁还特别强调指出："'战争是政治通过另一种手段（即暴力）的继续'，这是造诣极高的军事问题著作家克劳塞维茨说过的一句至理名言。马克思主义者始终把这一原理公正地看作考察每一战争的意义的理论基础。马克思和恩格斯一向就是从这个观点出发来考察各种战争的。"

二、消灭敌人军队的企图是战争的长子

关于战争目的的问题，在克劳塞维茨以前，一些军事家和军事著作就已提出过了。如在中国古代的一些兵书中，就有过战争"毋独攻其地，而攻其人"等提法。在西方，俄国元帅苏沃洛夫说过，赶走敌人是失败，歼灭敌人，俘虏敌人才是胜利。歼灭敌人的军队，则要塞不攻自破。克劳塞维茨则对战争目的问题作了进一步明确而系统的阐述。

战争的目的是打垮敌人

如前所述，克劳塞维茨在给战争下定义时认为，战争是迫

使敌人服从我们意志的一种暴力行为这一定义，包含有两个战争目的的思想：一是战争的政治目的，即迫使对方服从自己的意志；二是战争的行为目的，即物质暴力。他写道：战争的"直接目的是打垮对方，使对方不能再做任何抵抗"，"使敌人无力抵抗是战争行为的目标"，"解除敌人武装或打垮敌人，不论说法如何，必然始终是战争行为的目标"。

在他看来，在现实战争中，打垮敌人这个抽象的战争目的，包括三个要素：一是消灭敌人的军队，使其不能继续作战；二是占领敌人的国土，使其无处建立新的军队继续进行战争；三是征服敌人的意志，迫使敌人签订和约。在这三个要素中，首先应消灭敌人的军队，然后占领敌人的国土，最后迫使敌人媾和。但这个顺序并不是绝对的。因为这三个要素往往是相互影响的。

由于军队是用来保护国土的，因此，在通常情况下，敌人国土的占领是随着敌人军队的消灭而逐步实现的。然而，有时敌人军队可能没受到显著的削弱，就已退到国土的另一边，甚至完全退到国外。在这种情况下，就可以占领敌人国土的大部甚至全部，而这种国土的丧失，反过来又会使军队受到削弱。当然，即使已经使敌人军队陷入不能继续作战的境地，并占领了敌人的国土，但是，只要敌人的意志还没有被征服，即是说敌国政府及其盟国还没有被迫签订和约，敌国的人民还没有屈服，就仍不能认为战争已经结束。不过，随着和约的签订，很多可能在暗中继续燃烧的火星就会逐渐熄灭，因为一切倾向和平的人，可能完全放弃抵抗的念头，而这种人在任何民族中，在任何情况下都是很多的。所以说，随着和约的签订，一般说来，战争也就算是结束了。

克劳塞维茨认为，在以打垮敌人为目的的情况下，消灭敌人军队才是真正有效的行动，而占领敌人国土只是消灭敌人军队的后果，没有消灭敌人的军队就占领敌人的地区，始终只能是不得已的下策。克劳塞维茨还指出，战争目标永远应该是打垮敌人。"为了打垮敌人，并不总需要占领敌国全部国土的"。他还用战争战例作了说明。如果普奥联军在1792年的反法战争中能够攻占巴黎，那么，即便是在不击败法国军队的情况下，也极有可能取得这场战争的胜利。因为当时法国军队还不是起主要作用的力量。与此相反，在1814年的反法战争中，法国军队已是一支举足轻重的力量，联军如果不消灭拿破仑统率的大量军队，那么即便攻占了巴黎，也是不能解决问题的。而恰恰在当时拿破仑的军队的绝大部分已经被消灭了，因而在1814年和1815年占领了巴黎就决定了一切。

又如，在1812年，假如拿破仑能在占领莫斯科以前或以后，像他在1805年于乌尔姆地区粉碎奥地利军队，和在1806年于耶拿和奥尔施塔特两地粉碎普鲁士军队那样，完全粉碎博罗季诺会战后退出莫斯科而集结在通往卡卢加的公路上的约十二万俄军主力，那么，尽管尚有大片俄国国土没有占领，但拿破仑只要占领俄国首都莫斯科，就可能会导致媾和。

再如，法军在1805年能够战胜奥俄联军，具有决定意义的是奥斯特利茨会战。在此会战前，虽然拿破仑占领了维也纳和奥地利三分之二的领土，但并未迫使对方签订和约。相反，在此次会战后，尽管匈牙利仍保持完整，也没有能够阻止和约的缔结。同样，俄军在这次会战中遭到失败，也是由于军队受到了法军的致命打击。所以说，《普雷斯堡和约》的签订，是拿破仑这次会战胜利的必然结果。

克劳塞维茨还认为，如果不给敌人军队以致命的打击，那么，即使占领了敌国全部国土，仍不足以解决问题。如1807年的艾劳之战，是普鲁士同法国1806年的耶拿—奥尔施塔特之战的继续，但普鲁士军队得到了俄军的支援。当时，普鲁士的领土已几乎全部丢失。在法军的进攻下，普军退至柯尼斯堡，俄军退至艾劳。2月，法军同俄普联军于艾劳发生激战，法军遭受重大伤亡，但俄军于夜间突然撤退。次日，拿破仑占领战场并宣告胜利。克劳塞维茨认为，法军的这个胜利不是真正的胜利。随后，拿破仑积极备战，于6月14日在弗里德兰会战中将俄军击败，才对同年7月签订的《提尔西特和约》起了决定性的作用。

不过，克劳塞维茨还阐述说："在战争中可以达到目标的方法很多，并不是在任何情况下都只限于打垮敌人。"消灭敌人的军队、占领敌人的领土、单纯占领敌人的某些地区，入侵敌人的地区、待敌进攻和直接同政治有关的措施等都是方法，它们都可以用来挫伤敌人的意志，但哪一种比较有效，则要根据具体情况来确定。除此之外，还会有许多达到打垮敌人这个战争目的的捷径，我们可以把它们称为因人而异的方法。在人类交往的各个领域中，无不迸发着超越一切物的关系的带个人特点的火花，而在战争领域中，就更是不能没有这种带有个人特点的火花。总而言之，在现实战争中，"可以用来达到目标的方法是无穷无尽的"。

消灭敌人军队和保存自己军队是相辅相成的

克劳塞维茨在论述战争目的问题时，曾对消灭敌人军队和保存自己军队的关系作了精辟的阐述。他写道："消灭敌人军队和保存自己军队这两种企图是相辅相成的，因为它们是相互影响的，它们是同一意图的不可缺少的两个方面。"他认为，消灭敌人军队这一企图具有积极的目的，能产生积极的结果，其最后结果是可以打垮敌人。保存自己军队这一企图则具有消极的目的，能粉碎敌人的意图，其最后只能延长军事行动的时间以消耗敌人。从行动的表现上看，具有积极目的的企图能够引起歼灭性的行动，具有消极目的的企图则只能等待歼灭性的行动。

克劳塞维茨紧接着又强调指出，保存自己军队这一具有消极目的等待，"不应该成为绝对的忍受，而且在等待时所采取的行动中，消灭正在同我们作战的敌人的军队，同其他任何对象一样，也可以作为我们的目标。因此，如果认为有了消极意图就只能寻求不流血的方法，就一定不把消灭敌人作为目的，那么，他就在根本观念上大错特错了"。

固然，当消极目的占主要地位时，它会促使人们采用不流血的方法。但是，这种不流血的方法，绝不是迫切希望保存自己军队时的当然手段。如果这种方法不适合当时的情况，那么，反而会使自己的军队遭到覆灭。实际上，"当消极企图占主要地位时，它的唯一的必然的作用是推迟决战的时间，使人们等待决定性的时刻"。也就是说，在情况允许的条件下，可以通过推迟军事行动的时间，去变换军事行动的空间。但是，这种时间推迟是有限度的，如果无限制地一直推迟下去，就会使保存自己军队这一消极目的的优越性完全丧失掉，继续让位给消灭敌人军队的积极目的。

克劳塞维茨的上述观点，是对战争目的论的一个重要贡献。尤其是他把消灭敌人军队和保存自己军队这对矛盾，作为同一战争目的或战争企图的两个不同方面来考察，正确阐述了二者是相辅相成、相互影响的，它们各自在战争中的地位和作用是不同的，以及保存自己军队的企图中，渗透着消灭敌人军队的目的，并在一定条件下转化为消灭敌人军队的目的等思想，已经接近于对战争军事本质的揭示。

消灭敌人军队在战争中永远是最主要的

在阐述战争目的的过程中，克劳塞维茨突出强调了消灭敌人军队在战争或战斗中的地位和作用问题。关于消灭敌人军队的含义，克劳塞维茨除在打垮敌人的意义上理解外，如他曾指出："打垮敌人，即消灭敌人的军队是整个军事行动的主要目标。"还包括如下两层意思：一是消灭敌人的军队，"并不仅仅指消灭敌人的物质力量，而且还包括摧毁敌人的精神力量"。二是消灭敌人的军队，主要是指敌我双方在"相互杀伤和破坏过程中直接取得的利益"。关于消灭敌人的重要性，克劳塞维茨强调指出："在大多数情况下和在最重要的情况下，消灭敌人军队是最主要的。"

虽然从战略上讲，不同的战斗部署，往往会具有不同的价值。在战略上，的确有巧妙地部署各次战斗的问题，在一定意义上，战略无非是这种部署的艺术。然而，"在大多数情况下，消灭敌人军队就是主要的目的"，"直接消灭敌人军队总是最主要的事情"，"在所有以大量消灭敌人军队为胜利的条件下，消灭敌人军队必然是计划中的主要事项"。并认为："消灭敌人军队不仅在整个战争中，而且在各个战斗中，都应该看作主要的事情，这是我们的原则"。这个原则在作战中具有同等重要的意义。否则，"如果我们忘记了战斗的特殊目的中也包括消灭敌人军队这个内容，忘记了特殊目的只是消灭敌人军队的一种较小的变形"，而不去"强调消灭敌人军队的重要性和它的真正价值"，就无法研究战斗。

克劳塞维茨说，从大量的经验看，打垮敌人主要可以采取的方法包括：如果敌人的军队在某种程度上是敌人起主要作用的力量，就粉碎这支军队；如果敌人的首都既是其国家权力的中心，又是其各个政治集团和党派的所在地，就占领敌人的首都；如果敌人的最主要的盟国比敌人还强大，就有效地打击这个盟国。但是，无论怎样打击敌人，"战胜和粉碎敌人军队始终都是最可靠的第一步，并且在任何情况下都是极为重要的"。

对此，拿破仑在战争实践中也看到了军队的重要性。他曾说过，如果没有军队，那就既无政治上的独立，也无人民的自由，所以，革命的一个主要目标，不是争取军事力量的支援，就是瓦解敌方军力。基于这种认识，拿破仑在战争中总是把消灭敌人军队放在首要位置。他曾说："欧洲有很多优秀的将军，但他们一下子期望的东西太多，而我只看一个东西：敌人的兵力，并且力图消灭他们。"他还强调指出："我只看到一点，那就是敌人的大量军队。我力图消灭他们，因为我相信，只要把军队一消灭，其他的一切都会随之土崩瓦解。"

对此，马克思曾评价说："主力只用于战争的主要目的——消灭敌人"，这是拿破仑所制定的两条经典的作战原则之一。

若米尼也在总结拿破仑的作战经验时评价到，拿破仑在选择战争目标时，推翻了陈旧的理论，"不满足于仅仅攻下一至二个要塞，或占领一个不大的边境省份。他深信，创造伟大战绩的最主要方法，就是分割和消灭敌人的军队。他认为，不论是一个国家，或者是一个省份，只要它们失去了有组织的部队，就必然会自行陷落"。

例如，在意大利战役中，拿破仑为寻找一切机会歼灭敌军主力，曾以一支三万人的装备很差的军队，同反法联盟进行了十四次会战，七十次战斗，先后歼敌二十余万，粉碎了第一次反法联盟的武装进攻。

又如，拿破仑曾通过里沃利之战粉碎了奥地利军队第四次解围的企图。当时，拿破仑率法军包围曼图亚要塞。奥军三次试图解围均失败后，阿尔温奇元帅决心再次向里沃利高地发起进攻。奥军二万八千人分六路从正面和两翼向约一万法军发起进攻。面对这一形势，拿破仑仍以消灭敌人军队为主要作战目标，于1797年1月通过巧妙组织里沃利之战，又一次以少胜多，获得大量消灭敌军的辉煌胜利。他在给当时督政府的报告中写道："在四天内打了四次战役和六个遭遇战，总共杀伤敌军六千人，俘虏二万五千人。"由于连续不断地消灭、俘获敌军兵力，拿破仑先后打败了前来解围的奥军名将，迫使曼图亚要塞的守军缴械投降，取得了意大利作战的最后胜利。

正是基于当时的作战经验，克劳塞维茨一再强调指出："用流血方式解决危机，即消灭敌人军队，这一企图是战争的长子。""消灭敌人军队是一切军事行动的基础，是一切行动最基本的支柱，一切行动建立在消灭敌人军队这个基础上，就好像拱门建立在石柱上一样。""军事行动的真正目标，即消灭敌人，始终是主要的东西。""消灭敌人军队在战争中永远是最主要的。""火药的发明，火器的不断改进已经充分地表明，文明程度的提高丝毫没有妨碍或改变战争概念所固有的消灭敌人的倾向。"在战争中，一切军事行动都必须"服从用武器解决问题这个最高法则","在战争所能追求的目的中，消灭敌人军队永远是最高的目的"。

三、战争理论应指导指挥官自修战争

克劳塞维茨面对当时变革的时代和变革的战争，认为应当建立一套新的战争理论，代替已过时的战争理论，以消除战争的理论与实践之间的矛盾。因此，他在批判地研究当时流行的战争理论的基础上，对建立新的战争理论的要求、原则及方法等问题作了有益的探讨。

战争理论应是考察而不是死板的规定

在克劳塞维茨生活的时代，资产阶级军事理论已经在西欧的各个国家里产生并发展起来了。如英国的劳埃德、普鲁士的比洛、奥地利的卡尔大公以及瑞士的若米尼等一些军事理论家，都试图为作战规定一些原则甚或体系。克劳塞维茨认为，这些理论的分析部分可以看作探索真理方面的进步，但它们的综合部分，即它们的细则和规则都基本是无用的。在他看来，这些理论的缺陷主要表现在三个方面。

一是都追求肯定的数值，企图把军事行动当作数学题来演算，计算出准确的数据，得出十分肯定和死板的结论，却看不到战争中的一切都是不肯定的，计算时可以作为根据的只是一些经常变化的数值。例如，劳埃德认为，如果掌握了数学和地形学等方面的知识，就可以像演算几何题一样，准确地计算出一切作战行动，并且往往不必经过战斗就可以决定胜负，解决整个战争问题。卡尔大公不仅受18世纪思潮的影响而醉心于数学，而且还把作战理论的基本原理建立在数学的基础之上。并认为，由于战略战术原则所依据的是数学原理，因而它们在任何时候都永恒不变，其数量也是很有限的。

二是只考虑物质因素，总是热衷于研究角、线、基地等一些有形的东西，而对无形的精神因素在军事行动中的作用则往往估计不足。例如，比洛特别看重军队的后方和交通线，他把军队的仓库比作人的心脏，把运输线比作人的肌肉。并认为，心脏一旦出了问题，军队这个"集体人"也就完了；肌肉一旦被切断，整个军事机构也就瘫痪了。因此，他在《新军事体系的精神》一书中提出，作战的目标不是敌人的军队，而是敌人的补给线或基地。

三是只考虑单方面的活动，却不从敌我不断相互作用的过程去考虑问题。如若米尼片面强调内线作战理论，认为军队处于内线，既便于集中又便于机动，并且容易各个击破敌人。所以，内线作战总比外线作战优越。

克劳塞维茨认为，这些理论之所以会出现上述缺陷，主要是这些理论的著作家们，没有认真注意建立作战理论会遇到的各种困难，并且，不了解这些困难是由战争实践活动的特点所决定的。于是，克劳塞维茨通过考察，着重指出了战争实践活动的三个主要特点。

第一个特点：战争是精神力量及其作用的一种行动。克劳塞维茨认为战争和战争所具有的形态，往往是从当时起主导作用的思想、感情和各种关系中产生的。因此，战争实践活动在涉及物质因素的同时，还不可避免地要涉及精神因素。并且，这种精神因素又肯定是有一定客观价值的。

任何理论一接触精神因素，困难就会无限增多。也正因为战争是同活生生的人的精神力量打交道，因此，在任何地方都不能追求并且也达不到绝对而肯定的结论和规则。

第二个特点：战争是敌我双方相互作用的活的反应。战争的形态是由包含和掺杂在战争中的一切因素，其中包括各个部分的一切自然惰性和阻力等决定的。尤其是敌我双方的相互作用，往往是与一切作战的计划性不相容的。

在战争实践活动中，任何一个措施都会对敌人产生极不相同的作用，任何理论所依据的都是一些类似的现象，绝不能将纯粹特殊的情况都包括在内。而对这种特殊的情况，就只能靠判断和才能去处理。即是说，军事行动的计划性，常常被意外的特殊情况所打乱。因此，同人类其他活动比较起来，在战争实践活动中必须更多地依靠才能，较少地运用理论上的规定。

第三个特点：战争情况的不确实性。战争中的一切情况都很不确实，一切情况都仿佛处在若明若暗之中，就如同处于迷雾或月色朦胧之中一样，给人造成了形体扩大、轮廓稀奇古怪的错觉。这是一种特殊的困难，在对客观情况缺乏了解的场合，就只好依靠才能，甚至依靠幸运了。

鉴于战争实践活动的上述特点，克劳塞维茨指出，由于作战几乎在一切方面都没有固定的范围，而任何一种理论体系又难免带有综合时的局限性，因此，"企图为军事艺术建立一套死板的理论，好像搭起一套脚手架那样来保证指挥官到处都有依据，这是根本不可能的"。事实上，无论这种死板的理论多么面面俱到，都不可能完全解决战争的理论与实践之间的矛盾。

为消除战争的理论与实践之间的矛盾，克劳塞维茨指出，战争理论不应是对战争实践活动的规定，而应是一种考察。

"这种考察就是对事物进行分析探讨，它可以使人们对事物有一个确切的认识，如果对经验进行这样的考察（对我们来说也就是对战史进行这样的考察），就能深入地了解它们"。也就是说，战争理论不应当成为一套战场使用的代数公式，不能通过规定死板的原则，为人们指出狭窄的必然的道路。

相反，战争理论应该"成为通过书本学习战争问题的人的指南，到处都能为他们指明道路，使他们顺利前进，并且能培养他们的判断能力，防止他们误入歧途"；战争理论应该"培养未来的指挥官的智力，或者更正确地说，应该指导他们自修，而不应该陪着他们上战场，这正像一位高明的老师应该引导和促进学生发展智力，而不是一辈子拉着他走一样"。

总之，战争理论主要是帮助指挥官和从事战争的人们"确定思考的基本线索，而不应像路标那样指出行动的具体道路"。克劳塞维茨认为，只有根据上述观点，才能消除战争理论与实践之间的矛盾，建立一种令人满意的作战理论。也就是说，建立一种有用的、切合实际的作战理论。而且这种理论只要运用得当，就会不断接近实际，以致消除理论脱离实际的反常现象。

战争理论必须考虑时代的特点

克劳塞维茨在考察了鞑靼人出征、古代共和国的战争、中世纪的战争，直到拿破仑的战争的历史后指出："各个时代有各个时代的战争，各有其特有的限制条件和范围。因此，尽管到处和时常有人企图根据哲学原理制定战争理论，每个时代仍然保留有自己的战争理论。"也就是说，根据战争实践而制定的某种战争理论的原则是具有客观真理性的，但它们并不是永恒不变的，它们总会随着时代、国家、军队和作战方式的变化而改变。因此，战争理论的建立"必须考虑各个时代的特点"，必须符合时代的要求。

与此同时，克劳塞维茨还认为，受时代的特定条件限制的战争理论、作战原则或作战方法，"必然还带有某种比较具有普遍性的东西，甚至带有某种完全具有普遍性的东西"，这是首先应该研究的。在他看来，拿破仑战争已经获得了绝对的形态，其所包含的普遍适用的东西是最多的。然而，即便如此，这种战争也不能完全不具有自身的特性。

所以，如果战争理论只研究这种具有普遍性的东西，就会把具有时代特点的东西排斥在外，以致把某些反映时代特点的战争理论，作为错误的东西去加以责难，这不可能是理论的目的。他指出："我们的思想并不是从抽象研究中得来的，而是从整个战争现象给我们的印象中得来的。""理论应该是研究现实情况中的战争的学说，而不是研究想象中的战争的学说。因此，理论在考察、区别和整理各种事物的时候，永远要考虑产生战争的情况的多样性，因此，它在确定战争的大致轮廓时，应该考虑时代和当时情况的要求。"总之，战争理论是根据所处的具体情况确定的，同时又具有时代和一般情况的特性，最后，它还要服从于战争自身的特性中所必然得出的一般的结论。

值得一提的是，克劳塞维茨还看到了战争理论的发展与社会关系变革之间的必然联系。他在分析战争及其作战方法变化发展的问题时认为，法国革命战争所打开的同过去完全不同的战争现象的世界，以及拿破仑在战争中形成的一套最好的方法带来的使所有人惊叹的成果，都是"社会状况改变的结果"。

他还明确指出："在军事艺术领域内的新现象中，只有一小部分可以算作新发明和新思想的结果，而大部分则是新的社会状况和社会关系的改变所引起的。"

但由于克劳塞维茨不懂得生产关系是社会关系的基础，更不懂得社会关系内部矛盾运动的规律，因而至多只能把战争理论变化的原因开掘到社会关系的层面上，却不可能由此进一步完全揭示这种变化的真正原因。不过，作为军事理论家，能够在当时就明确提出战争理论"必须考虑各个时代的特点"，以及战争理论的发展是"社会状况改变的结果"论断，已经是十分难能可贵了。

战争理论应通过批判的考察接近实际

克劳塞维茨在阐释研究战争理论的方法时，曾提出了一种通过批判建立战争理论的方法。他指出："理论上的真理总是更多地通过批判，而不是通过条文来对现实生活发生作用的。"这里所说的批判，主要是指把战争理论得出的正确结论，应用于实际的战争事件进行考察、检验，并以此来证实和发展战争理论。在他看来，这种批判的任务，就是要探讨战争的原因产生了什么结果，以及战争使用的手段是否与其目的相适应。

他认为，由于在战争中组成整体的一切都是彼此联系着的，因此，战争中的每个原因和每种手段都会对最终的结果和目的产生不同影响。为此，他提出应以不同的立足点来考察战争中原因与结果、目的与手段的关系，并运用拿破仑 1797 年攻击奥地利的战例作了说明。

1797 年 3 月，拿破仑率领意大利军团在塔利亚曼托河向奥军总司令卡尔大公进攻时，其意图是在卡尔大公所盼望的援军尚未从莱茵河方向开来前迫其决战。当时，卡尔大公因兵力相差悬殊，因而仅略作抵抗后即放弃了诺里施阿尔卑斯山的山口。拿破仑可以利用这一幸运的胜利一直进入奥地利的心脏，支援莫罗和奥舍率领的两支莱茵军团的进攻。拿破仑的这种考虑是正确的。

但如果从较高的立足点，即从法国督政府的角度批判，那么拿破仑越过诺里施阿尔卑斯山的进军只能是过于冒险的行动。因为假如奥国人利用从莱茵方向调来的援军在施太厄马克组成强大的预备队，卡尔大公就可以以此攻击意大利军团，使之全军覆没。拿破仑看到了这一点，因此曾于同年4月18日在累欧本与奥国政府签订了停战协定。

但如果从更高的立足点进行批判，假定拿破仑知道奥地利首都没有军队掩护，他在施太厄马克对卡尔大公占有决定性优势，那么其目的就应是急速进逼奥国的心脏。如果奥国人很重视保住维也纳，以致宁愿接受拿破仑的媾和条件，那么威胁维也纳就可看作最终目的。

但如果从更高立足点继续批判，即倘若奥国人放弃维也纳，向本国辽阔的腹地继续退却，那么，在法军兵力占决定性优势的情况下，取得胜利应是没多大问题的。但又产生一个问题，即法国督政府是想利用这个胜利席卷奥地利从而彻底消灭或打垮这个强国呢，还是仅仅想占领奥国的大片土地作为缔结和约的资本呢？假定研究结果表明，由于法军兵力太少，无法彻底打垮奥国，人们就会对法军寄予较小的希望。这无疑是拿破仑明知卡尔大公孤军无援却同他签订《坎波福米奥和约》的缘故。

但法国人没有考虑下面两个问题：第一个问题是，奥国人如何估价彻底打垮奥国和占领奥国大片土地，尽管在这两种情况下奥国人都有最后获胜的可能，但在这两种情况下他们是否认为值得作这样的牺牲。第二个问题是，奥国政府是否会利用其有利条件坚持到最后胜利，它是否考虑过对方最后可能得到的是什么，它是否不致因一时失利而丧失勇气。

对第一个问题的考虑是有重大意义的。人们每当提出极端的计划时总会考虑这一点，而且往往出于这种考虑才不去实行这样的计划。对第二个问题的考虑同样是必要的。大胆的拿破仑一定相信自己的威名能够先声夺人，如果不是他当时预感到失败而签订了好处不大的《坎波福米奥和约》，那么他的大胆在1797年可能会使其得到相反的结果。

克劳塞维茨由此认为，上述考察作为实例足以说明：在考察中，要追溯到最终目的时，即检验为最终目的而采取的决定性措施时，将会涉及多么广泛的范围和多么繁多的对象，将遇到多么巨大的困难。从中也可看到，除了对事物的理论认识外，天赋的才能对批判的考察也有巨大的影响。

克劳塞维茨在论述批判的考察战争所使用的手段问题的过程中，反对在评论军事事件时盲目地追随某一见解的做法，提倡多进行独立思考。

如1796年7月30日，正在围攻曼图亚的拿破仑为了迎击前来解围的奥军将军武尔姆泽，放弃了原先的围攻，集中兵力各个击破了敌方军队，受到了异口同声的赞扬。

但克劳塞维茨认为，拿破仑的这种打法并非完美无缺。因为他改变原围攻计划的结果，使得本来在七八天内就可能被攻陷的要塞，又继续抵抗了六个月。其实，在围攻防卫圈上迎击前来解围的敌军的手段，早在路易十四时期就已是欧洲军队常用的一种有效方法，拿破仑却没有采用。拿破仑所使用的方法虽然可能是最有效的方法，但它对解决拿破仑面临的主要任务——攻克曼图亚却未能起到促进作用。因此，人们对拿破仑这次胜利的评价应力求做到恰如其分。

总之，不管当事者的造诣如何，即使是最低的造诣，在对他们进行批判时，也必须站在较高的立足点上，根据对问题的全面了解，进行赞扬或指责，避免把主观随意作出的论断作为批判的尺度。

战争理论应运用简洁的语言表达

克劳塞维茨在论述通过批判建立有用的、切合实际的战争理论的问题时，还提到了战争理论的批判工具，即批判时使用的语言和文风问题。克劳塞维茨强调说，在批判时所使用的语言，应同战争中的思考具有同样的特点。这一点特别重要，否则，就失去实际意义，不能成为使批判走向现实的桥梁。

他指出，如同在考察作战理论时已经说过的，"理论不应该给指挥官提供死板的条文和体系作为他们智力活动的工具，理论应该培养战争中指挥官的智力，或者更确切地说，在培养过程中起指导作用。如果说在战争中判断某一具体情况时，不需要也不允许像几何学那样使用补给线，如果说在这里真理不是以体系的形式表现出来的，如果说真理不能间接地发现，只能直接地由洞察力发现，那么在批判的考察中也应该如此"。也就是说，批判者在表达时，不应该把真理当作外在的、僵硬的法则来使用，要尽量避免使用复杂的词句和概念，避免使用隐晦不明的语言，而应该注意领会真理的精神，善于运用简洁的语言和清楚明白的观念，让不受任何体系限制的洞察力来阐明一切。

克劳塞维茨还认为，可惜的是，在大多数的考察中，由于批判者受某种虚荣心的驱使，往往表现出以下三种弊病。

第一种弊病：把某种片面的体系当作金科玉律，并把它们滥用到了令人难以容忍的地步。

第二种较大的弊病：滥用名词、术语和比喻，它们既像众多的宫廷侍卫一样，尾随于各种体系之后，又像不法暴徒和散兵游勇一样，到处横冲直撞。

一些批判者不愿意并且也没有学会对理论体系进行完整的掌握和运用，却到处随意地从完整的理论体系中，抓住一些只言片语作为批判的根据。尤其是其中的一些术语和比喻，往往只被用作进行批判的论述的点缀品。然而，"一切原属于一定理论体系的名词术语，一旦从原来的体系中被抽出来，当作一般的公理使用，或者当作比普通语言更有说服力的真理的小结晶体使用，那么，它们就会失去其原有的正确性"。其结果，理论书籍和批判书籍不是运用朴实的、简明的思考方式，"而是与此相反，充满了含义不明和易生歧义的名词术语，以致读者和作者的理解很不一致。但是，更坏的名词术语往往只是些毫无内容的空话，甚至连作者自己也不清楚想用它们说明什么，他们安于模糊的观念，而在通常的用语中，这些观念是连他们自己也不会满意的"。

第三种弊病：滥举史例，炫耀自己博学多才。

克劳塞维茨指出："一个史实如果未经深入研究便加以引用，那么也可能被人用来证明完全相反的观点。如果从相隔很远的时代和国家中，从极不同的情况中抽出三四个史例拼凑在一起，往往只能引起判断上的模糊和混乱，丝毫也不会有说服力。因为，仔细地把它们考察一下，就可以看出它们是没有用处的，只不过是作者用以显示自己博学多才而已。"

克劳塞维茨通过对上述问题的考察后指出："这些模模糊糊、似是而非、混淆不清、随意杜撰的概念对于实际生活有什么好处呢？几乎没有什么好处。理论只要用了这样的概念，就始终同实践是对立的，就往往受到能征善战的将帅的嘲笑。""但是，如果理论能够切实地考察作战的各种问题，确定能够确定的东西，用简洁的语言加以表达，能够避免滥用科学形式和历史引证粉饰自己，能够真正重视事实，能够联系在战场上依靠洞察力指挥作战的人，那么理论就不致产生上述种种弊病了。"

四、光辉的战例是最好的老师

克劳塞维茨在早年就读柏林军官学校时，就受到沙恩霍斯特影响，重视对战史的研究。他在担任柏林军官学校校长后，更注重以军事艺术上的经验作为基础进行授课，并对战史作了广泛而深入的研究。在他留给后世的十卷遗著中，有七卷是论述战争历史的。他为撰写自己的战争理论名著《战争论》，曾研究了一百三十多个战例，并通过总结历史上的战争经验来充实和丰富自己的战争理论体系。从一定意义上说，其《战争论》就是他多年研究战史的产物。

要善于从战争史例的研究中认识真理

在如何考察战争理论的问题上，克劳塞维茨认为，只有通过对战争史例的研究，才能建立起与之相适应的战争理论。

克劳塞维茨在阐述研究战史和研究战争理论的关系时指出："研究战史是很重要的，因为通过对战史的研究就仿佛身临其境，亲眼看到事件的进程。从理论课程中尝到的原则只能帮助我们研究战史，使我们注意到战史中最重要的东西。"同样，在阅读战史时，又可以验证这些原则，"并且考察一下这些原则在哪些场合同战争的进程是符合的，在哪些场合被战争的进程所修正，甚至推翻"。他还把经验比作土壤，把理论比作植物，提出在实际生活的园地里，"不能让理论的枝叶和花朵长得太高"，因为"只有当它们的枝干长得不太高时，才能结出果实"。克劳塞维茨指出："光辉的战例是最好的老师，但是，千万别让理论上的偏见像乌云一样遮蔽住这些战例，因为，阳光即使能穿过乌云，也会产生折射和变色。这些偏见有时会像瘴气那样扩散开来，所以理论的迫切任务就是粉碎这些偏见。"

他还提出，要善于从战争史例的研究中认识真理。他认为，在每一个具体场合，都会有一些特殊的现象。这些现象往往是难以理解的。但是，若要在这里进行历史的考察，又是有助于认识这些特殊现象的。同样，拿破仑不仅关注古今名将的历史，而且力求效法古今名将的战例。在他看来，对古今名将的历史和战例反复学习，是成为伟大统帅和揭开学术之谜的唯一手段。并说："我们必须模仿他们，才有希望使自己接近他们。"他尤其对汉尼拔进行的十七次战争，恺撒进行的十三次战争，亚历山大进行的八次战争，古斯塔夫·阿道夫进行的三次战争，秋林进行的十八次战争，萨伏伊的叶甫根尼亲王进行的一次战争，弗里德里希二世进行的十一次战争等作了认真的学习。并说，认真阐述这些战争的历史，"可以写成一部完整的作战艺术研究指南，并且可以把这种历史作为制订一切防御战和攻击规则的原始资料"。

克劳塞维茨还说："在没有体系和没有真理机器的地方也是有真理的，不过，在大多数情况下，只有用熟练的判断和从长期经验中得来的敏锐感觉才能认识这一真理，历史在这一方面虽然没有提出任何公式，但是，像在其他场合一样，却给判断提供了锻炼的机会。"

克劳塞维茨还特别论及了战争史例与哲学的问题，指出："在军事艺术中经验要比一切哲理有价值得多。"因而理论不应陷入哲学的空谈之中。并说，在考察战争理论时，"如果用哲学上的方法得出一个必然的结论，那么就会陷入种种困难之中，使我们得不到作战和作战理论之间的逻辑的必然性。因此，只能面向经验，根据战史所提供的战例进行研究"。尽管用这种方法得出的战争理论，仍然不可避免地会带有一定的局限性。然而，"这种方法很大的优点在于能使理论切合实际，不致使人陷入无谓的思考，钻进牛角尖和流于泛泛的空想"。

对此，一位德国学者曾这样评价克劳塞维茨的《战争论》：克劳塞维茨按照自己伟大导师沙恩霍斯特的榜样，不仅选择当时是最新的战争事件，而且取整个战史作为经验的基础。他不仅依靠经验，而且仰仗从事物本质中产生出来的东西。"克劳塞维茨的军事理论不是建筑在一个而是两个支柱上！'研究与观察''哲学与经验'是相辅相成、互为保证的，把思考出来的东西拿到战史经验中加以验证——这不仅构成了《战争论》这部作品的不朽性的基础，而且决定了它的现实性和实际有效性以及在所有军事理论著作中独一无二的地位"。

注意正确运用战争史例

在克劳塞维茨看来，是否运用战争史例是一回事，而运用是否得当则又是另一回事，并指出："注意正确地运用史例和防止滥用史例是很重要的。"如若不然，所运用的战争史例不但不足以说明问题，还会直接妨碍和影响对问题的理解。

他一方面认为，战争的理论必须注意从战史中举出实例作证明。他说："史例可以说明一切问题，在经验科学中，它们最有说服力。尤其在军事艺术中更是这样。"因为作为军事艺术基础的各种知识，都属于经验科学。虽然这些知识大部分是通过对事物的性质认识获得的，但对事物的性质又大多只有通过经验才能认识。但在另一方面他又认为，战争的理论又不可能使自己提出的真理总有史例作证。因为如果每一个真理都用史例作证不仅过于烦琐，难以做到，而且用一些单个的现象也是不足以说明问题的。

克劳塞维茨由此提出了运用战争史例的四个着眼点。

第一，用史例说明某种思想。在论述问题时，当作者的思想不能为人们所理解，或者容易被人误解的情况下，就可以引用战史中的战例来说明自己的思想，以保证读者能正确理解作者的原意。在这种情况下运用史例，往往只需简单地提出史例也就可以了。有时，为了说明某种思想，甚至可以不去过于追求某种事例的历史真实性，以至举一个虚构的例子也未尝不可。不过，尽可能还是应该用真实的史例，因为真实的史例毕竟"总是具有优点的，它比较实际，能使它所说明的思想更接近实际生活"。

第二，用史例说明某种思想的运用。例如，在战争中，当发现某种手段极为有效时，这种手段往往就会被人们所反复使用。如果此行彼效，这种手段就很可能流行一时，得到广泛的应用，并在理论中占有一席之地。然而，当理论只是一般的叙述这种手段有效性的思想时，往往又不可能将使用手段时的各种具体情况完全包括进去。这时，就应注意引用史例指出使用手段时的一些细小问题的处理情况。

第三，用史实证明自己的论点。当需要证明战争中的某种现象或某种行动，可能会产生何种效果或结果时，用过去已发生过的事实往往更有说服力。

第四，通过详细叙述某一事实或列举若干史实从中汲取某种教训。

克劳塞维茨曾总结分析了拿破仑 1812 年征俄战争失败的原因及教训。

其一，选错了战争对象。他认为，拿破仑此次征俄战争所以失败，并非像当时西方军事史学界通常所说的，是因为拿破仑前进得太快太远，而主要是因为他选错了战争的对象——俄国，致使其争取胜利的唯一手段失效了。所以，尽管拿破仑企图"用一次大胆的打击，迫使惊慌失措的敌人媾和"，但俄国人不吃这一套。

克劳塞维茨认为："俄罗斯帝国是一个不能真正被征服（永久被占领）的国家，至少用现在欧洲各国的军队是征服不了的，用拿破仑为此目的而统率的六十多万人是征服不了的。像俄国这样的国家，只有利用它本身的弱点和内部的分裂才能使它屈服。为了打击这个政治上薄弱的地方，就必须震撼这个国家的心脏。拿破仑只有通过强有力的打击到达莫斯科，才有希望动摇俄国政府的勇气以及人民的忠诚和坚定。他希望在莫斯科缔结和约，这是他在这次战局中可以提出的唯一合理的目标。"

克劳塞维茨还写道："我们认为1812年的战局所以没有成功，是因为俄国政府是巩固的，人民是忠诚的、坚定的，也就是说，是因为这次战局不可能成功。"也就是说，拿破仑决定进行征俄战争本身就是错误的，至少表明他低估了俄国的抵抗力量。既然他追求这样的目标，恐怕也只能采取这种打法。如果说法军损失太大是其过错，那么，这种过错不在于前进得太远，而在于战局开始得太迟，在于采取了浪费人力的战术，在于对法军的给养和退却路线考虑得不够，还在于从莫斯科退却的时间有些晚。

其二，忽视了消灭敌人的军队。克劳塞维茨指出："不管打垮敌人在具体情况下最后取决于什么，在开始时总是消灭敌人的军队，也就是说，对敌人的军队取得一个巨大的胜利，并且粉碎敌人的军队。"

例如，1812年，拿破仑曾占领了莫斯科和半个俄国，应该说，只有当这种占领促成拿破仑达到签订和约的最后结果时，才是有价值的。因而只能把这种占领看作构成拿破仑战局计划的一个部分，它还包括另一个部分，即粉碎俄国的军队，如果拿破仑在实现战局计划中占领部分的同时，又实现了粉碎俄国军队的部分，那么，达到媾和的最后结果就十分有把握了。然而，拿破仑当时忽视以至未能实现后一个部分，于是，竟然使得整个战局的第一部分非但对他无益，反而对他有害了。

其三，战线过长。在克劳塞维茨看来，俄国国土辽阔，退却线较长，致使拿破仑军队在前进过程中受到显著削弱。如1812年，拿破仑为征俄曾调集了六十多万人的军队，而当时俄军仅二十余万人。法军企图速战速决，以一两次决战歼灭俄军，迫其投降。然而，当向离开法国几千公里、幅员辽阔且荒芜和完全陌生的俄国进攻时，由于战场的宽阔和战线的绵长，拿破仑式的战略几乎完全不适用了。

拿破仑在意大利战场运用自如的指挥才能在荒凉而广阔无际的平原上已无法施展，俄军不顾一切地退却，使拿破仑无从突然进击，无从实行强行军，无从寻求围歼的机会，也无从采取"以战养战"的原则。而俄国则充分利用优越的地理条件和被拿破仑入侵所激怒的广大军民的爱国情绪，使孤军深入的法军陷入困境，由于各种因素，法军的减员日益严重。拿破仑的中央军团在维帖布斯克附近时约二十五万人，到达斯摩棱斯克时约十八万二千人，而抵达博罗季诺附近时已减少到约十二万人。此时，拿破仑的中央军团同俄国的主力军团的兵力对比已大致相等了。俄军在莫斯科附近时，兵力开始占绝对优势，并且，这个绝对优势引起的变化是非常稳定的，以致法军在马洛亚罗斯拉韦次的胜利都难以使这种形势发生任何重大的变化。

其四，兵力不足。有些法国著作家责怪拿破仑在博罗季诺会战中没有用其最后的近卫军预备队去粉碎俄军，认为拿破仑如果这样做了，就能彻底赢得博罗季诺之战，就能改变整个征俄战争的结局。

克劳塞维茨则不同意这种指责，他分析说："当拿破仑渡过涅曼河时，他统率的准备参加博罗季诺会战的军队共有三十万人，而到博罗季诺进行会战时，却只剩下十二万人了。他可能担心这些兵力不足以向莫斯科进军，而看来莫斯科是决定一切问题的焦点。……拿破仑是希望在莫斯科缔结和约的。假使能把俄军打垮，缔结和约的把握当然更大，但无论如何到达莫斯科是重要的，因为如果率领一支兵力雄厚的军队到达莫斯科，就可以依靠这支军队控制首都，从而控制整个俄国及其政府。后来的事实表明，他带到莫斯科的兵力不足以完成这个任务。但是，如果在博罗季诺为了打垮俄军而把自己的军队全部消耗殆尽，那就更不能做到这一点了。拿破仑深深感觉到了这一点。在我们看来，他做得完全正确。……博罗季诺会战的胜利者却宁愿满足于半个胜利，这不是因为他怀疑胜局是否已定，而是因为他的兵力不足以获取全胜。"

显然，兵力不足使得拿破仑在远离本国几千公里的情况下同拥有军事潜力的俄国作战遭到失败，而其兵力不足又是由其发动这场侵略性的远征所决定的，这又远非其高超的军事艺术所能克服的。

必须详举史例和选择最近的史例

克劳塞维茨在上述基础上，还具体阐述了运用战争史例的两条原则。

第一，必须详举史例。克劳塞维茨指出："如果叙述某种历史事实是要证明某种一般的真理，那么就必须确切而详尽地阐述同这个论点有关的一切，必须把史实毫无遗漏地展示在读者的眼前。"为此，必须注意防止两种错误的做法：一是要防止通过许多事实弥补一个事实的证明力不足的做法。在用史例证明理论上的真理的过程中，有时当无法叙述一个事实的详细情况时，某些人往往求助于一定数量的事实来补救，他们往往只满足于提出若干个史例，造成一个似乎很有证明力的假象。必须指出，这是一种经常会被人滥用的危险的办法。事实上，"对有些经常反复出现的事情举出一打实例也证明不了任何东西，因为别人同样也可以很容易地举出一打结果相反的实例来反驳"，它不可能得出任何正确的结论。

第二，要防止只是简单提出史例的做法。有些人在用史例进行证明时，不是从各个方面详细地叙述一个事件，而只是简单地提示一下，其结果，"这个事件就好像是从远处看到的东西，各个部分都分别不清，从各方面来看，它的外部形态都是相同的。这样的实例，事实上对相互对立的两方面意见都可以证明"。也就是说，如果有时对某个事件不作全面而详尽的叙述，而只作简单的提示，那么，人们由于看问题的角度不同，往往会对同一事件提出完全不同的看法。

例如，对拿破仑1797年越过诺里施阿尔卑斯山的进军，有人把它看作英勇果断的表现，也有人则把它看作真正鲁莽的行为。又如，对拿破仑1812年进攻莫斯科的失败，有人认为是过于勇猛的结果，也有人则认为是勇猛不足的结果。而如果能够全面了解事情的来龙去脉、当时的条件以及各方面的关系等详情，就不难看出，彼此对立的意见不可能都是正确的，其中必然有一方的意见是错误的。

此外，只简单地提示史例，还会使某些对这个史例不十分熟悉的读者，无法领会作者的意图。这些读者除了对此盲目地赞叹或者完全不信服外，就不可能有别的。当然，作者为了用史例证明自己的论点而把历史事件再现或展示在读者的眼前，也会有不少的困难。因为作者往往会受到材料的限制，就如同受到时间和篇幅的限制一样。然而，又必须明确，"要想论证一个新的见解或是明确一种值得怀疑的见解，详尽地叙述一个事件要比简单地提示十个事件更为有用"。

那么，如何才能做到详尽地叙述史例，进而用"历史事实证明理论上的真理"呢？克劳塞维茨认为，要做到这一点，必须注意把握史例的内在联系。他指出："粗浅地引用史实的主要弊病，倒不在于作者错误地想用这种方法证明某些论点，而在于作者从来没有认真地了解过这些历史事件，在于这样肤浅轻率地对待历史会产生数以百计的错误见解和杜撰的理论；如果作者意识到，他提出的新的和想用历史证明的一切，都应该是从各种事物的紧密联系中自然地产生出来的，那么就不会出现这些错误见解和杜撰的理论了。"也就是说，理论上的结论，应该是"从事件的内在联系中必然产生的"。

克劳塞维茨主张尽量选择最近的史例。他指出："最近的战史，只要它是大家都熟悉的和经过研究的，就永远是选择史例的最好的来源。"并且，这种最近的史例，往往同现代战争很近似，至少在武器方面是很近似的，因此，便于我们从中吸取教训。相反，"由于较远年代的条件的不同，作战方法也不同，因而对我们来说较远年代的事件的教育意义和实际意义都比较小"。即是说，在一般条件下，"年代越远，战史内容就越贫乏，记载就越不详细，用处就越小，至于古代各民族的历史，必然是用处最小、记载最不详细的历史"。

不仅如此，战史还像其他历史一样，许多在最初可能还较清楚的细小的特征和情节，随着时间的流逝，在漫长的演变过程中，会被逐渐淹没。它就像图画一样，在历经久远的年代后，原来的鲜艳的色彩和生动的形象会逐渐消失，最后只剩下遗存的颜色和线条，而人们所重视的，也只能是这些色彩暗淡、模糊不清的颜色和线条。

当然，那些较远年代的史例只要恰当，也并非绝对不能用。但是，必须详细说明情况的场合，或在必须详细说明促使作战方法改变的条件的场合，它就肯定是适用的。也就是说，"事情越涉及细节，越不是一般的情况，我们就越不能从遥远的年代中寻找典型史例和经验，因为我们既不能对有关事件作适当的评价，也不能用它们来说明现代已经完全改变了的手段"。

对此，克劳塞维茨确实是身体力行的。据统计，在《战争论》中，引用法国大革命和拿破仑战争时期的战争史例约占三分之二，并且有三十多章八十多处提到拿破仑及拿破仑战争史例，其中仅涉及1812年的法俄战争就有十八处之多。其次是弗里德里希二世时期的，而古代的战争史例则最少。克劳塞维茨叹息说："遗憾的是，各个时代的著作家都有援引古代史例的癖好。"即使不去谈虚荣心和欺骗成分在其中占有多大比重，至少从中看不到任何帮助和说服别人的诚恳愿望和热忱努力。所以，我们只能把这样援引的史例看作掩盖缺点和错误的装饰品。

在如何运用战争史例的问题上，克劳塞维茨十分推崇法国将军弗基埃尔，赞誉弗基埃尔在他的回忆录中，不仅保留了许多可能湮没了的历史材料，而且他第一个通过这些材料使理论观念同实际生活有了非常有益的接近，他所举的史例可以看成对论点的解释和进一步说明。尽管弗基埃尔得出的结论，并不都是从事件的内在联系中必然产生的。然而，如果能像他想做的那样，完全用史例教别人学习战争，那确实是个巨大的功绩。但如果考虑到，必须先有长期的作战经验才能做到这一点，那么就会明白，这是需要花费毕生精力的事业。

克劳塞维茨说，如果有谁甘愿从事这样的事业，那么，

"但愿他不惜时间，不怕困苦，不畏权贵，克服自己的虚荣心和自卑心，像法国法典上所说的那样：讲真理，只讲真理，完全讲真理"。

五、精神要素是战争中最重要的问题之一

克劳塞维茨以前的军事理论家在考察战争问题时，往往过分夸大物质因素在决定战争胜负中的重要作用，忽视以至否认精神因素的作用。

例如，英国的劳埃德曾把战争区分为两个部分：一部分是军事学术所利用的军队、武器等物质材料，它可以用规则加以规定，并可以归结为数学原则；另一部分是在无穷的千变万化的战争情况中对原则的运用，这一部分是没有任何规则的，它只是统帅天才的特长，即统帅结合地形、空间和军队的数量等去运用作战的数学原则，它不是军事理论研究的内容。普鲁士的维利森认为，军队是由人和马匹组成的，粮秣给养是军队作战的基础，一切作战行动，都是为了保护自己军队的基础和破坏敌人军队的基础。

克劳塞维茨则在批驳他的前辈军事理论家们过分强调物质因素而轻视精神因素的偏颇的基础上，充分肯定了精神因素在战争中的地位和作用，辩证地阐述了物质因素与精神因素在战争中的关系问题。

精神要素在战争中具有惊人的作用

克劳塞维茨认为，如果战争理论只考察物质因素，只局限于物质对象上，只研究那些可以计算的东西，只要求得出十分

肯定和死板的结论，而把一切精神要素都排斥在规则和原则之外，把一切不能解决的问题，都置于科学研究的范围之外，归之于超出一切规则之上的天才的领域，那么，它就只能是一种可怜的哲学。

这实际上就等于宣告，规则不仅是为愚人写的，而且它本身也必然是愚蠢的。因为这些规则对天才来说是毫无用处的，天才可以高傲地不理睬甚至嘲笑这些规则，而那些必须在这些贫乏的规则中爬来爬去的军人又是多么可怜。克劳塞维茨还不无讥讽地说："把一切精神因素都排除在理论之外，只想论述物质因素，以致把一切都局限在均势和优势、时间和空间这几个数学关系上，局限在几个角、几条线上。如果只有这点可怜的东西，那么，恐怕还不能给小学生出一道数学习题。"

通过上述批驳，克劳塞维茨指出："军事活动绝对不是仅涉及物质因素，它总是还同时涉及使物质具有生命力的精神力量，因此，把两者分开是不可能的。"战争理论绝不能把精神因素排斥在外，考察物质因素，并不是唯一应注意的问题，精神因素的作用也是应该探讨的。在为物质因素制定规则时，必须考察精神因素可能有的比重。

事实上，即使完全不想涉及精神因素的理论，也会不知不觉地涉及精神因素。因为如若不考虑精神因素对战争胜负的影响，那么，任何与此有关的问题都难以得到说明。克劳塞维茨认为，精神因素对战争胜负具有重要作用，在一定条件下甚至可以产生决定性的作用。他针对当时在军事理论界存在着的过于偏重物质因素而轻视精神因素的倾向，突出强调了精神因素在战争中的地位问题。

他曾把战略要素分为精神要素、物质要素、数学要素、地理要素、统计要素五种，其中，他把精神要素列在了首位。并指出，精神要素"是战争中最重要的问题之一"，它"贯穿在整个战争领域"，具有重要的价值和惊人的作用，并对"军事力量具有决定性"。拿破仑也很看重战争中精神力量的作用。从意大利战争开始，他就深刻体会并提出，决定战争胜负的主要是精神力量，而不是数量。并说："不是部队的数量给军队带来了力量，而是忠诚和豪气给军队增添了斗志。"

克劳塞维茨认为，精神要素虽然不能用数字表达，也不能分成等级，但是能够看到和感觉的。他还据此对精神因素在战斗中的作用问题作了多方面的论述。他指出："在战斗过程中，精神力量的损失是决定胜负的主要原因。"并论述说，交战双方在战斗的过程中，不仅有物质方面的损失，而且在精神方面也会受到震撼、挫折，甚至一蹶不振。因此，要决定战斗是否继续，不仅要考虑人员、马匹和火炮等物质方面的损失情况，而且还要考虑勇气、信心、内部联系和计划等精神方面受到挫折的情况。他告诉人们："在这里，起决定作用的主要是这些精神力量，特别在双方物质损失相等的情况下，起决定作用的就只是这些力量。"

他还提出，不同的精神因素，会产生不同的影响。他写道："军队的武德、统帅的才能和政府的智慧以及他们的其他精神素质，作战地区的民心，一次胜利或失败引起的精神作用，所有这些东西本身都是极不相同的，而且对我们的目的和所处的情况也可能产生极不相同的影响。并且，同一会战的结果，对胜败双方也会产生不同的精神影响。其中，对失败一方的精神影响，又往往要比胜利一方的精神影响大得多。因为这种破坏性的影响，会同战争中的危险、劳累、伤亡等其他困难因素结合在一起，使这种影响不断增大，不断扩散，从士兵一直影响到统帅和政府。如果任其发展下去，后果将是十分严重的。"

此外，精神因素的作用还具有持续性和流动性。他认为，一次战斗或会战的胜负的决定，并不意味着精神力量损失的休止。实际上，当一次战斗或会战的"胜负决定后，精神力量的损失还在增长，要到整个行动结束时才达到顶点"。又说："在我们谈到一次大的歼灭行动（一次大的胜利）对其他战斗必然会产生的影响时，应该看到精神因素最富有流动性……某一部分精神的丧失最容易影响其他部分。"

他还认为，在战争中，虽然精神力量的削弱是没有绝对价值的，并且也不一定会在最后的战果中表现出来，但是必须看到，精神力量有时将可能成为举足轻重的因素，以不可抗拒之势压倒一切。因此，削弱敌人的精神力量也常常可以成为军事行动的巨大目标。

物质因素是衡量胜利的尺度

克劳塞维茨在论述精神因素对战争胜负具有重要作用的同时，也注意到了物质因素的作用，并认为，战争胜负还取决于物质因素的对比情况。在他看来，所谓物质因素主要是指军队的数量、编成、各兵种的比例等。

他指出："暴力，即物质暴力。"战争就是交战双方的"精神力量和物质力量通过物质力量进行的一种较量"。即是说，战争虽然是敌我双方物质因素和精神因素的综合较量，但只有通过物质力量方能发生作用。所以说，物质因素在战争中同样具有重要的作用。克劳塞维茨的这个看法，很接近于马克思主义的观点。马克思曾指出："思想根本不能实现什么东西。为了实现思想，就要有使用实践力量的人。""批判的武器不能代替武器的批判，物质力量只能用物质力量来摧毁。"把这一思想运用到战争领域用以解释战争现象，无非是说，战争理论、作战指导思想、人的勇敢精神等精神因素，对战争胜败虽然具有重要作用，但是，它们本身不能直接成为摧毁敌人的物质力量，它们只有通过人的实践活动，并同一定的物质条件相结合，才能得以实现并切实发挥作用。

克劳塞维茨还依据消灭敌人军队是战争的最主要的目的的观点认为，可以把这个目的理解为，使敌人军队损失的比例大于我方，这种在战争的相互杀伤和破坏过程中，直接取得的利益是"绝对的利益"，"只有在摧毁对方物质力量方面得到的利益才是确实可靠的"，才是"真正的利益"。这是因为，战斗的胜利者在精神方面取得的优势，在大多数情况下，往往只有一小部分可以保留下来，有时甚至连极小的一部分也不能保留下来；而失败者的精神力量，则能逐渐恢复起来，勇气也能再度高涨，甚至在有些时候，失败者由于复仇心和强烈的敌忾心而提高了士气，反而会对胜利者不利。

与之相反，"在杀伤敌人、俘获敌人和缴获敌人火炮等方面，胜利者所获得的利益却永远不会从账本中勾销"。也就是说，在摧毁对方物质力量方面获得的利益，能够始终保留在整个战局的账本上，而且在最后的结算中总是一种纯利。因此，"缴获的火炮和俘获的人员在任何时候都被看作真正的战利品，同时又被当作衡量胜利的尺度"，或者说，它是"体现胜利的主要标志，是胜利的真正结晶"。

物质力量和精神力量的作用是融合在一起的

在克劳塞维茨看来，战争的物质因素与精神因素既是相互对立的，又是相互统一的。对立主要表现在，二者在决定战争胜负中的地位、作用的差别性；统一主要表现为，二者在决定战争胜负中的作用的事例互助性。

首先，物质因素的作用和精神因素的作用是完全整合、不可分割的。克劳塞维茨认为，战争力量是两个不可分割的因数的乘积，这两个因数就是现有手段的多少和意志力的强弱。所谓现有手段，就是指军队的数量、武器装备等物质因素；意志力量显然是指精神因素。并认为，任何战斗都是双方物质力量和精神力量以流血的方式和破坏的方式进行的较量。

他由此强调指出，在战争中，"物质力量的作用和精神力量的作用是完全整合在一起的，不可能像用化学方法分析合金那样把它们分解开"。对战争胜败"起决定作用的，当然是物质力量和精神力量的总和"，"胜利通常产生于各种精神力量和物质力量的总优势"。最后，谁在这两方面剩下的力量最多，谁就是胜利者。所以，"当我们说消灭敌人军队时，并不是仅仅指消灭敌人的物质力量，而且还包括摧毁敌人的精神力量，因为这两者是紧密地交织在一起而不可分割的"。

其次，物质因素和精神因素是相互作用、相互助长的。克劳塞维茨不仅看到物质因素和精神因素的相互渗透，而且还意识到了二者能够相互影响。他阐述说，战争是物质力量和精神力量的相互冲突。在战争过程中，一方面，使敌人的精神力量遭受损失，可以看作摧毁敌人的物质力量从而获得利益的一种手段；另一方面，缴获的火炮和俘获人员的数量，也是产生精神效果的一种新的力量。也就是说，"一场大规模战斗的结局给失败者和胜利者带来的精神影响都是比较大的。这种影响会使物质力量受到更大的损失，而物质力量的损失又反过来影响精神力量，这两者是相互作用，相互助长的。"

因此，克劳塞维茨曾认为，当进攻者不具备物质力量方面的优势时，它就应从精神方面的优势来弥补进攻这种作战形式的不利，如果精神方面的优势也不具备的话，那就没有理由发起进攻了，即使发起进攻，也不会成功。

尽管克劳塞维茨在充分肯定精神因素的基础上，对战争中物质因素和精神因素的关系问题作了有益的探讨，但在分别考察二者的作用时，对精神因素多次使用了"具有决定性的影响"或"决定胜负的主要原因"等字眼，却只把物质因素看作"衡量胜利的尺度"或"体现胜利的主要标志"，未能从根本上阐明物质因素对战争胜负所具有的最基本的决定作用。并且，他在强调精神因素时，也多少夸大了它的作用。他曾做过这样一个比喻："物质的原因和结果不过是刀柄，精神的原因和结果才是贵重的金属，才是真正的锋利的刀刃。"其结果，当然也就不可能完全摆脱出片面强调精神因素的作用而忽视物质因素的窠臼，最终无法科学地解决战争中物质因素与精神因素的关系问题。

六、军事天才是一种擅长军事活动的高超的精神力量

克劳塞维茨所说的精神因素（或精神力量、精神要素、精神素质等），主要是指统帅的才能、军队的武德和军队的民族精神。克劳塞维茨认为，这三种主要的精神因素在战争中都具

有重要作用。区别只在于，它们在不同的场合作用发挥的大小不同。即是说，在某种场合，统帅的才能将会发挥重大的作用，而另两种精神因素的作用则可能较小，甚或不起什么作用；但在另一种场合，后两种因素则可能起主要的作用，而统帅的才能却只起次要的作用，甚或不起作用。因此，人们不应抽象地比较和笼统地确定它们价值的大小，最好的办法是对它们中间的任何一种都不要轻视，并力求用充分的历史事实来说明这三种精神力量的作用。然而，克劳塞维茨却更多地强调统帅的才能。他曾在"军事天才"一章中，用较大的篇幅对统帅的才能问题作了专门的探讨。

军事天才是各种精神力量和谐的结合

按照克劳塞维茨的理解，所谓军事天才，即是一种能创造非凡成就的特殊禀赋和擅长军事活动的高超的精神力量。这种精神力量并非仅仅指同军事活动有关的如勇气等某一种精神力量，而不包括智力和情感等方面的其他精神力量。相反，"军事天才是各种精神力量的和谐的结合，其中这种或那种力量可能起主要作用，但是任何一种力量都不应起阻碍作用"。也就是说，各种精神力量在军事活动中的综合表现，就是军事天才的实质。"巨大的精神力量，有时像真正的酵素似的渗透在战争的各个要素中，因而在一定的情况下统帅能够利用它们来增强自己的力量"。在这种解释的基础上，克劳塞维茨对各种精神力量依次进行了阐述。

军事天才必须具有卓越的智力

克劳塞维茨认为，在各种精神力量的和谐结合或综合表现中，"智力到处都是一种起主要作用的力量"。

首先，较高的军事天才的出现取决于较高的智力。

克劳塞维茨认为，军事天才并非一般的指具有高超的才能而被称为天才的人，即并非一般意义上所说的天才，而仅仅是指精神力量在战争领域的一种特殊表现。所以，在需要从多方面发挥和培养精神力量的民族中，军事天才则往往出现得很少。相反，一个民族的活动种类越少，而军事活动却越能在其中占有主要的地位，那么相应地，军事天才则往往会出现得越多。然而，军事天才出现得广泛，又并不等于必然会随之出现较高的军事天才，"因为军事天才的高低还取决于一个民族智力发展的总的水平"。

对此，克劳塞维茨在对野蛮民族和文明民族作比较后认为，尚武精神在野蛮民族中，似乎要比在文明民族中普遍得多。但在野蛮民族中，却从未发现一个真正伟大的统帅，可以称为军事天才的也极少。这是由于在野蛮民族中，智力往往得不到必要的发展。而在文明民族中，较普遍的尚武精神，往往会同较高的智力结合在一起，所以最光辉的战绩就总是在他们那里出现。而且，最伟大的统帅也总在文明发展得较高的时间出现。

其次，在困难重重的战争气氛中确有把握地顺利前进，取决于智力的引导。

在克劳塞维茨看来，危险、劳累、不确实性和偶然性，是形成战争气氛的四个要素。军人要想在这困难重重的气氛中找出道路，掌握方向，确有把握地顺利前进，就必须要在智力方面有巨大的力量。他论述说，战争是充满危险的领域，要克服危险带来的影响，面对危险的勇气必须要同智力相结合起来；

战争是充满劳累的领域，要想不被劳累所压倒，就需要有一定的体力和精神力量，而具备这种素质的人，必须"要有健全的智力的引导"；战争是充满不确实性的领域，要摆脱战争情况不确实的困境，力求通过准确而迅速的判断来辨别真伪，"首先要敏锐的智力"；战争还是充满偶然性的领域，要想不断地战胜各种意外事件的困扰，就必须具有"在这种茫茫的黑暗中仍能发出内在的微光以照亮真理的智力"。

　　克劳塞维茨还形象地把这种智力称为眼力，并解释说："所谓眼力不仅是指视力，更多地是指洞察力。"即一种迅速判明真相的能力，这种真相普通人完全不能辨别，它需要经过长时间的观察和思考才能辨别。克劳塞维茨还认为，考虑和比较战争领域中错综复杂交织在一起的多种多样的事物是一道难题，仅靠呆板的研究，是绝不能掌握这些复杂的事物的，只有天才的真正的眼力，才能通过迅速的判断，从大量的事物和关系中，找出最重要和具有决定意义的东西。

　　在他看来，这种能够敏捷地透视和排除一系列昏暗不明的情况和单单运用判断力就能当机立断的透彻的洞察力，可以视为一个统帅的最基本的素质之一。反之，"如果一个统帅不能以到处都能辨明真理的洞察力来看透一切，那么他的观察和考虑就会混乱，他就没有可能作出判断。在这个意义上说，拿破仑说得很对，需要统帅作出的许多决定，就像需要牛顿和欧拉计算的数学难题一样"。拿破仑曾以其缜密的军事计划而闻名欧洲，而他在谈及如何制定军事计划的问题时说："洞察力绝对重要，我之所以自信大半得益于此。"

　　再次，卓越成就的取得取决于卓越的智力。

　　克劳塞维茨指出："不管军事行动从现象上看多么简单，

并不怎么复杂，但是不具备卓越智力的人，在军事行动中是不可能取得卓越成就的。"他说，需要明确的是，所谓卓越的成就，并非只限于最高统帅，而是泛指能使人们在其一定的职位上获得声誉的那些成就。因此，"在战争中每一级指挥官都必须具备相应的智力，享有相应的声誉"。或者说，"无论职位高低，只有具备一定的天才，才能在战争中取得卓越的成就"。

从这个意义上说，"即使一个职位最低的指挥官想取得卓越的成就，也必须具有卓越的智力，而且这种智力必须随职位的提高而提高"。那么，人们为什么通常只把真正的天才这一称号，加在那些处于最高职位，即处于统帅职位上威名赫赫的人物头上呢？

克劳塞维茨解释说，这是因为，作为统帅更要求具备极高的精神力量。否则，也同样不能授此称号。他强调，作为统帅，必须善于将军事和政治集于一身，他应当成为对国家关系有真知灼见的政治家，但又不失为一个高明的统帅；他既应概括地了解一切政治关系，又应确切地知道如何运用军事手段达到政治的目的。

克劳塞维茨还概括到，如果要问具有哪种智力的人最适合称为军事天才的话，那么，可以认为，"这种人与其说是有创造精神的人，不如说是有钻研精神的人；与其说是单方面发展的人，不如说是全面发展的人；与其说是容易激动的人，不如说是头脑冷静的人。在战争中我们宁愿把子弟的生命以及祖国的荣誉和安全委托给这种人"。对此，拿破仑曾这样说过："要知道，对一名将军来说，上知天文地理，下晓人情风俗是再有用不过的事情了。这样，你可以节约很多精力去想与战略、战术有关的事情，而不必事必躬亲。"

军事天才必须具有完善的勇气

鉴于勇气在战争中的重要作用，克劳塞维茨对勇气问题作了较多的探讨。他认为，在战争领域中，虽然勇气和智谋能够同时存在而互相排斥，它们又毕竟是不相同的精神力量。

应如何理解勇气呢？克劳塞维茨把勇气分为两种：一种是不畏惧个人危险的勇气，也就是敢于冒肉体危险的勇气；一种是在外来压力或内心压力面前敢于负责的勇气，也就是敢于面对精神危险的勇气。

克劳塞维茨首先考察了第一种勇气。他认为，这种勇气是以在危险中的个人牺牲精神作为基础的。而这种自我牺牲的精神，又有两个完全不同的来源。第一个来源是对危险满不在乎，不管是天生这样，还是由于不怕死，或是习惯养成的；第二个来源是积极的动机，如荣誉心、爱国心或其他各种激情。

这样，第一种勇气自身又表现为两种形态。由于这两种形态各自的来源不同，因而它们的作用也是不同的。从第一种来源产生的勇气比较稳定可靠，因为这种勇气的特点是它同人的天性已成为一体，或者说，已经成为人的第二天性，所以它永远不会丧失。从第二种来源产生的勇气则与此不同，它不是在任何情况下都表现为一种恒态，而是一种感情，一种情绪的激动，因而它往往具有更大的激励作用。第一种勇气对危险的满不在乎，能使判断更为冷静，因而能使人顽强；而第二种勇气的积极的感情，则能使人更加敢为，因而能使人大胆。在战争中，有时由积极的感情产生的勇气，比对危险满不在乎的勇气有效得多，而在有时，前者又往往被所向无敌所超过。所以说，只有善于将"两者结合起来，才能成为最完善的勇气"。

此外，克劳塞维茨还提及了敢于面对精神危险的勇气，即人们通常认为从智力中产生出来的，并被称为有智之勇的勇气的来源问题。在他看来，这种所谓的有智之勇，是由坚信冒险的必要性，或者根据一种较高的见解坚信自己所谓的危险并不像其他人那样大的信念产生的。一些没有个人牺牲勇气的人，也可能产生这种信念。然而，只有当这种信念反过来影响到人的感情，并激发和提高感情的更高尚的力量时，这种信念才成为勇气，也就是说，才能使人在紧急关头和危险中岿然不动并保持冷静。克劳塞维茨由此认为，有智之勇这个名称是不确切的。因为这种勇气并非是从智力本身产生出来的，也并非是智力的表现，它仍然是感情的表现。

　　他还认为，由个人牺牲精神产生的勇气与根据信念产生的勇气的作用范围是不同的。前者在下级单位中是主要的，即它主要支配小单位。因为单位越小，个人的危险就越大，因而越需要个人的勇气。而后者则主要支配大单位。因为单位越大，所决定的问题就或多或少越同整体有密切的联系，所以，就越需要有广阔的视野和树立一定的信念。

　　克劳塞维茨还提到了勇气与理智相互间作用的问题。一方面屡战屡胜的骄傲情绪，天生倔强带来的不屈不挠的意志，以及由高尚激情引起的顽强的抵抗精神等勇气方面的感情力量，都会促使统帅战而必胜，垂名史册。另一方面，清醒的理智却会劝阻他不要把力量用完，不要孤注一掷，而应保存必要的力量。克劳塞维茨说："在战争中，尽管勇气和顽强应该得到很高的评价，尽管没有决心竭尽全力争取胜利的人很少有获胜的希望，但是总应该有一个限度，如果超过这个限度，顽强地做下去，那么只能认为是绝望的挣扎，是愚蠢的行动。"例如，拿破仑在最著名的滑铁卢会战中，为了挽回一场已经不可挽回的会战，使用了最后的兵力，即拿出了最后一文钱。结果，像乞丐一样逃出了战场，逃回了他的祖国。

克劳塞维茨还谈及了勇气对智力的影响问题，认为，如果勇气能排除人们心灵中对危险所产生的十分强烈的印象，它就会对智力发生影响，使智力活动因摆脱忧虑的束缚而成为自由的活动。但如果人们根本没有勇气，就不会由于勇气而产生智力，更不会产生洞察力。而在智力和洞察力不足的情况下，勇气则往往会引导人们采取错误的行动。

关于在构成军事天才的多种精神力量中的地位和作用问题，克劳塞维茨认为，在充满危险的战争环境中，"勇气是军人应该具备的首要品质"。他设问说："军事活动总是离不开危险的，而在危险中最可贵的精神力量是什么呢？是勇气。"

在克劳塞维茨看来，战争中的行动像是在阻力重重的介质中运动，而战争的危险则是其中一种阻力，这种阻力亦即危险对指挥官的影响是多方面的。危险不仅会使指挥官本人遭到威胁，而且还会使他的部下遭到威胁；危险不仅在它实际存在的时刻威胁着指挥官，而且在其他一切与危险有联系的时刻也威胁着指挥官；危险不仅直接影响指挥官，而且还间接通过责任感影响指挥官，使他增加精神上的压力。不言而喻，由于一切战争活动永远不能离开危险，都必然要在危险中进行，因此，要消除危险这种阻力，指挥官只具有普通的精神力量是不够的，而"必须具备巨大的、百折不挠的、天生的勇气，强烈的荣誉心或久经危险的习惯"。

克劳塞维茨还认为，在险恶的战争环境中，指挥官具备勇气尤其重要。他说："当部队勇气十足、精神焕发地战斗时，指挥官在追求自己目的的过程中，很少有必要发挥巨大的意志力。但当情况变得困难时（要取得卓越的成就，困难是绝不会没有的），事情的进展自然就不会再像上足了润滑油的机器那样顺利了，相反，机器本身开始产生阻力，而要克服这些阻力，指挥官就必须有巨大的意志力。"这种阻力主要是指整个部队的体力和精神力量不断衰退，以及由流血牺牲所引起的痛苦情绪等。

作为指挥官，必须首先注意克服自己的这种情绪，必须承受最沉重的负担，把握住自己。并且，还应同所有其他人的这种情绪作斗争，因为其他的种种印象、感受、忧虑和意愿等，都会直接或间接地传染给指挥官。尤其当部下的体力和精神力量不断衰退，以至于靠他们本身的意志已不能振作起来和支持下去时，那么，统帅就更需要用坚强的意志承受巨大的压力，"统帅必须用自己内心之火和精神之气，重新点燃全体部下的信念之火和希望之气"。只有做到这一点，统帅才能率领部队战胜险恶，冲出险境。反之，如果他的勇气已不足以重新鼓舞起全体部下的勇气，那么，他就会被部下带到表现出动物本性的境地，以致临危而退和不知羞耻。

可是，指挥官要想在战争取得卓越的成就，就必须善于以自己的勇气和坚强的意志，去克服种种来自精神上的压力。还应看到，这种压力是随部下数量的增多而增大的。因此，为了承受住这种压力，指挥官的勇气和意志力必须随职位的提高而增大。拿破仑就非常重视激励和提高军队的士气。在他看来，决定战争胜负的主要是士兵的精神力量，而不是军队的数量。并强调，士气是保持军队顽强战斗力的精神支柱。士兵的忠贞与豪气，是使一支军队具有力量的源泉。他在总结意大利作战的经验时说："在意大利，我们总是一对三，但是官兵们对我有信心。"并认为这是其当时能够以少胜多、屡战屡胜的基本原因。尽管拿破仑说过"金钱不能够买勇敢"的话，但为了保持部队的高昂士气，仍注意通过具体的鼓励办法激发军人的荣誉感。比如，对立战功的官兵，不惜授以高官厚禄，大量颁发勋章，广泛通报表彰，以激发官兵去争得荣誉。

军事天才必须具有可贵的胆量

克劳塞维茨在论述勇气的同时，还专章探讨了含义与勇气相似的胆量。

他对胆量给予了很高的评价，认为胆量是一种促使人们在精神上战胜极大危险的"可贵的力量"，"是一种独特的有效要素"。他诘问说："实际上，胆量如果不是在战争，还会在人类活动的哪个领域里更有它呢？"他还阐述说："在我们的时代里，除了通过战争，而且是依靠胆量进行的战争以外，几乎再没有其他途径可以培养一个民族的大胆精神了。只有依靠胆量进行的战争才能抵住懦弱的贪图安逸的倾向，这种倾向会使一个日益繁荣和交往频繁的民族堕落下去。一个民族，只有它的民族性格和战争锻炼在不断地相互促进，才能指望在世界政治舞台上占有巩固的地位。"

他还认为："胆量在战争中甚至还占有特别优先的地位"，"胆量是真正的创造性的力量"。在战争中，当一方的胆量超过对方时，他的胆量就会因对方的怯懦而发挥作用。由于怯懦往往会使人失去镇静，因而有胆量的人每当遇到怯懦的人，就必然会有获胜的可能。对此，拿破仑也曾说过："意志、性格和胆量，使得我所以成为我"，相反，"一支由驯鹿统率的狮军，绝不可能再是狮军"。正因为胆量在战争中占有特别优先的地位，所以，克劳塞维茨认为，对军队来说，从士兵到统帅，"胆量都是最可贵的品德，它好比使武器锋利和发光的真正的钢"。在军队中，必须大力培养胆量这种感情力量。

不过，克劳塞维茨有些过分看重胆量在战争中的作用，以至对此作了不适当的肯定。在他看来，指挥官在行动中如果只靠胆量，是很容易造成错误的。但是，这种错误还是可嘉的，不应该把它与其他错误同等看待。因为在战争中，当指挥官的认识相同时，因小心怕事而坏事的情况，往往比因大胆而坏事的情况要多千百次。所以，对那些常常不合时宜地表现出胆量的军队，还是应该加以肯定的。这好比生长茂盛的杂草，它们正是土壤肥沃的证明。

他甚至还认为，即使是以蛮勇，即不受智力约束的毫无目的的胆量，也不应低估。因为从根本上说，这种蛮勇与胆量都属于同一种感情力量。只不过前者表现为一种不受任何智力支配的激情而已。他说，只有当胆量同服从背道而驰，因而忽视上级明确的意志时，才可以把它看作一种危害。但这种危害又并不是由于胆量本身的缘故，而是由于拒绝服从，因为在战争中没有比服从更重要的了。

另外，克劳塞维茨一方面正确地认为："指挥官的职务越高，就越需要有深思熟虑的智力来指导胆量，使胆量不致毫无目的，不致成为盲目的激情冲动，因为地位越高，涉及个人牺牲的问题就越少，涉及其他人生存和全体安危的问题就越多。"他还指出："有卓越智力作指导的胆量是英雄的标志，这种胆量的表现，不是敢于违反事物的性质和粗暴地违背盖然性的规律，而是在决策时对天才（即准确的判断）迅速而不假思索地作出较高的决定予以有力的支持。智力和认识力受胆量的鼓舞越大，它们的作用就越大，眼界也就越开阔，结论也就越正确。"

但另一方面，他又提出了与此近乎矛盾的看法。在他看来，指挥官的职位与胆量往往是成反比的。即是说，职务越高，胆量往往就越小。

他在分析这种现象的原因时认为，按理说，有了合理的目的，就容易有胆量，但在事实上恰恰相反，当智力占优势时，一切感情力量会大大失去威力。因此，"指挥官的职位越高，智力、理解力和认识力在他的活动中就越起主导作用，胆量这种感情力量就越被放在次要位置"。即便指挥官的见解和理智没有随职位的上升而提高，但各种主客观情况也仍会对他们施加频繁而强大的压力，并且，他们越是缺乏个人的见解，就越会感到压力的沉重。

为了进一步说明原因，他引用了法国著名作家伏尔泰在其所写的史诗《亨利颂》中的一句名言："在第二位上大放光芒，升到第一位时黯然失色。"并认为，在战争史上，一些被认为平庸甚至优柔寡断的统帅，在职位较低时几乎都是以大胆和果断著称的。还由此认为，正因为在身居最高职位的人中间，胆量是很少见的，所以，这些人身上胆量就更值得称赞。

应该说，克劳塞维茨所提到的上述现象，在战争中是存在的，但他对产生上述现象的原因的分析，却是不切当的。克劳塞维茨还基于此指出："任何统帅没有胆量是绝不会成为伟大的统帅的"，"没有胆量就谈不上杰出的统帅，也就是说，生来不具备这种感情力量的人是绝不能成为杰出的统帅的，因此我们认为这种感情力量是成为杰出统帅的首要条件"。当一个人的职位升高时，这种通过修养和生活锻炼而有所发展和改变的天赋的感情力量剩得越多，天才的翅膀就越硬，飞得也越高。

军事天才必须具有果断等多种精神力量

克劳塞维茨在着重阐述军事天才应主要具备的智力、勇气和胆量等精神力量的基础上，还对被他称为来自感情和智力的"合金"的果断、机智、干劲、坚强和顽强、刚强、坚定、地形判断力、坚忍等精神力量，作了程度不同的涉猎。

果断

在克劳塞维茨看来，果断是勇气在具体情况下的一种表现。但这种勇气不是指敢于冒肉体危险的勇气，而是指敢于负责的勇气，也就是敢于面对精神危险的勇气。意思是说，所谓果断，指的是一种敢于面对战争危险的当机立断，是一种为了战争制胜不怕承担重大责任的有智之勇。怎样才能产生果断呢？克劳塞维茨说："能够消除疑虑的果断，只有通过智力，而且只有通过智力的一种特殊活动才能产生。"就是说，果断不能离开智力，但它又并不是智力，而仍是感情的表现。因为一些极聪明的人常常并不果断，只有同时具备智力和必要的感情，才有可能产生果断。

不过，如果仅有较高的理解力和必要的感情，往往还不能产生果断。这是因为，尽管有些人有看透最复杂的问题的极敏锐的洞察力，而且也不缺乏承担重担的勇气。然而，由于他们的勇气和他们的洞察力各自独立，互不相干，所以在许多困难的场合，都不能产生出第三种东西——果断。智力较差的人也不可能是果断的。因为尽管有些人在困难的场合也会毫不迟疑地行动，这种行动却是没有经过深思熟虑的。既然如此，当然也就不存在任何疑虑了，更没有消除疑虑的果断而言。

只有将较高的智力同必要的感情进行有机的结合，即"认识到冒险的必要而决心去冒险，才能产生果断"。然而，由于在紧急的时刻，人们受感情的支配往往比受思想的支配更多些，因此，智力必须善于激起必要的感情，以便有所依靠和得到支持。从这个意义上说，进行这种通过智力的特殊活动的人，与其说是才华出众的人，不如说是坚强的人。

机智

所谓机智，是指一种能够沉着地处理意外事件的能力，亦即表明智力及时而敏捷地提出救急办法的能力。它是人的"可贵的素质"，它在充满意外事件的战争领域中，"必然会起巨大的作用"。

人们之所以钦佩机智，就是因为"它不仅能对意外的质问作出恰当的回答，而且能对突然的危险迅速想出救急的办法"。无论是这种回答或是这种办法，最主要的就是要求它们必须恰当。机智究竟是来自智力方面的特性，还是来自感情的镇静，取决于具体的情况。但是，这两种中的任何一种都不能完全没有。其中，"对意外质问的恰当回答主要是聪明头脑的产物，而应付突然危险的恰当办法则首先以感情的镇静为前提"。

干劲

所谓干劲，是指引起某种行动动力的强度，即产生某种行动的积极动机的程度。它可能来自理智上的认识，也可能来自感情的冲动，但感情的力量似乎是主要的。

在一切高尚的感情中，荣誉心是人的最高尚的感情之一，是战争中使军队获得灵魂的真正的生命力。其他一切感情，如爱国主义、追求理想的狂热、复仇心等，都没有荣誉心这样强烈和稳定。其他感情虽然能一般地鼓舞和提高广大士兵的士气，但都不能像荣誉心那样，使每一个指挥官都能像对待自己的田地那样对待以至千方百计地利用每一个军事行动，并为此努力耕耘，细心播种，以期获得丰收。

从最高一直到最低职位的各级指挥官为获取荣誉心的努力，及其勤勉精神、竞争心、进取心等，最能使军队发挥作用和取得胜利。克劳塞维茨还以设问的方式强调说，这一点，"对于职位最高的统帅来说更是如此，试问，自古以来，有哪一个伟大的统帅没有荣誉心呢？一个伟大的统帅没有荣誉心是可以想象的吗？"

坚强和顽强

坚强和顽强这两个词虽然意义十分接近，但二者又毕竟有着性质上的区别。所谓坚强，是指意志对猛烈打击的抵抗力。而所谓顽强，则是指意志对持续打击的抵抗力。

人们对猛烈打击所表现出来的坚强，可以仅仅来自感情力量；但对持续打击所表现出来的顽强，却更多地要依靠智力的支持。因为随着行动时间的延长，就必须要加强行动的计划性，而顽强力量的其中一部分，就是从这种计划性中获得的。

刚强

所谓刚强，是指在最激动时也能保持镇静的一种感情，亦即在最冲动或热情奔放时也能听从智力支配的一种能力。

为了说明这个问题，克劳塞维茨从感情方面把各种不同的人大体上区分为四种类型：第一种是不大敏感的人，也可叫作感情迟钝或感情淡漠的人。第二种是很敏感的人，但他们的感情从来超不过一定的强度，因此，这是一种容易动感情而又平静的人。第三种是容易激动的人，他们的感情激动起来，往往就像火药燃烧一样迅速和猛烈，但不持久。第四种是感情强烈、深沉而不外露的人，他们的感情通常不是很快而是逐渐激发起来的，但这种感情却往往非常有力并且比较持久。

感情淡漠的人的特点是，能经常地保持镇静，虽然这在战争中是需要的，但还不能把它称为刚强。因为它根本没有表现出任何力量，这种人往往由于缺乏积极的动机而不能主动地行动。

易动感情而又平静的人的特点是，遇到小事容易奋起行动，遇到大事却容易消沉。这种人在别人遭遇不幸时会积极帮助，并能保持镇静。但由于缺乏卓越、独立的智力，往往成不了大事，尤其在整个民族遭受灾难时，往往只是忧愁叹息，不能奋起行动。

容易激动和暴躁的人，虽然有冲劲很大的优点，但这种冲劲往往不能持久。如果有勇气和荣誉心来引导这种人，那么，当他们在战争中担任较低职务时，其感情往往非常有用。而对于持续时间较长的会战和战局来说，他们就是不适宜的。此外，由于这种人在感情激动时，常常易失去理智，难以保持镇静，因而是最不利于指挥的。当然，"如果他们经过锻炼、自省和体验，终于学会了控制自己的方法，能在感情激动时及时意识到内心还有保持镇静的力量，那么，他们也可能成为很刚强的人"。

感情深沉而很少激动的人同前一种人相比，就如同火芯和火苗相比。"如果我们把军事行动中的困难比作庞然大物，那么这种人最善于用他巨人般的力量把它推开。他们的感情活动就好像巨大的物体的运动，虽然比较缓慢，却是不可抗拒的。"不过，这种人"一旦失去产生自制力的高尚的自豪感，或者当自豪感不强时，也会失去镇静，为盲目的激情所支配"。这是需要注意和防止的。

克劳塞维茨通过上述考察后概括道："刚强的人不是指仅仅能够激动的人，而是指即使在最激动的时刻也能保持镇静的人。所以这种人尽管内心很激动，但他们的见解和信念却像在暴风雨中颠簸的船上的罗盘指针，仍能准确地指出方向。"

坚定

所谓坚定，是指能坚持自己的信念，亦即通常所说的性格。如果一个人的信念或见解经常改变，就不能说他坚定，也不能说他有性格。

不过，战争所具有的某些特性，不仅容易使感情压倒理智的认识，而且要了解可靠的情况和得出深刻而明智的见解都是很困难的。因此，在这里比在人类其他活动中，有更多的原因使人们离开原来的道路，对自己和别人都产生怀疑。在这种情况下，"只有那些从较高角度指导着行动的一般原则和观点，才可能是明确而深刻的认识的产物，而对当前具体情况的看法是以这些一般原则和观点为根据的"。

然而，要坚持这些经过深思熟虑所得出的结论，不受当前不断产生的看法和现象的影响也是困难的。这时，我们就必须在理智上求助于一个指导原则来支配我们的思想，"这个原则就是在一切犹豫的情况下都要坚持自己最初的看法，并且决不放弃，除非有一个明确的信念迫使我们放弃它"。必须坚信，经过验证的原则的真实性是较大的，而某些暂时现象的印象尽管很强烈，但它的真实性是较小的。如果在犹豫的情况下，也能相信并坚持当初的信念，那么，就可以使我们的行动具有人们称为性格的那种坚定性和一贯性。

但是，坚定不是顽固。二者虽然很近似，却有着本质的区别。所谓顽固是指固执己见，拒绝更好的见解。就是说，"如果拒绝不同的见解不是出于更好的信念，不是出于对较高的原则的信赖，而是出于一种抵触情绪，那么坚定就变成顽固了"。顽固是坚定的一种变态，而绝不是坚定的强烈表现。顽固不是来自智力，而是来自感情上的原因，它产生了一种特殊的自私心，有这种自私心的人的最大乐趣，就是用自己的精神活动支配自己和别人。因此，在坚定的同时，必须注意防止顽固。

地形判断力

克劳塞维茨认为，正确处理战争与地形的关系，是军事活动的一个显著特点。在战争中，指挥官的活动必须在有关的空间进行。然而，对于这个空间，指挥官用眼睛是不能全面观察到的，甚至尽最大努力也不可能完全搞清楚。加之空间时常变更，就更增加了弄清它的困难。而对这种非常特殊的困难，必须要用智力上的一种称作地形判断力的特殊禀赋来克服。

所谓地形判断力，是指对任何地形都能迅速形成正确的几何观念，并因此判明方位的能力。

在他看来，指挥官要具备地形判断力，必须要有想象力。固然，判断地形一方面要靠肉眼，另一方面要靠智力。其中，智力可以用它从科学和经验中得来的理解力来弥补肉眼的不足，并把它看到的一些片面合成整体。但是，"要使这个整体活生生地呈现在脑海里，形成一幅图画，即在内心中描绘成一幅地图，并把它长久地留存心中，使它的各个部分不再分散，只有依靠我们称为想象力的这种智力才能做到"。

克劳塞维茨还阐述说："虽然人的理智总是喜欢追求明确和肯定，可是人的感情却往往向往不肯定。人的感情不愿跟随理智走那条哲学探索和逻辑推论的狭窄小道……它宁愿和想象力一起逗留在偶然性和幸运的王国里。在这里，它不受贫乏的必然性的束缚，而沉溺在无穷无尽的可能性中。在可能性的鼓舞下，勇气就如虎添翼，像一个勇敢的游泳者投入激流一样，毅然投入冒险和危险中。"

克劳塞维茨还注意对想象力进行必要的区别。他认为，从类型或性质上看，既有一种漫天翱翔、不受束缚的想象力，也有一种具体的想象力。他对第一种想象力是持保留态度的。因为在他看来，战争不是消遣，不是一种追求冒险赌输赢的纯粹的娱乐，也不是灵机一动的产物，而是为了达到严肃的目的而采取的暴力的手段。所以，那种所谓漫天翱翔、不受束缚的想象力是有害的，因为它容易虚幻地以为存在着某种可能性。而那种涉及具体情况的想象力才是所需要的，才是想象力这位放肆的女神所作的唯一贡献。

此外，若从范围或职能上看，一些机敏的猎手也可以具备那种在任何地方都能辨认出方位来的地形判断力。然而，他们所具有的想象力只是在很狭窄的范围的运用，它所表现的只是一种低微的职能。而军事活动的地形判断力，则是对战争的各个战场及其特点的丰富、确切的想象力。

克劳塞维茨还认为，职位越高，运用地形判断力这种才能的范围就越广。如果说骠骑兵或猎兵进行侦察时，通常只需要具备少许的判断和想象力的话，那么，统帅就必须对全省和全国的地理概况都很了解，对道路、河流和山脉等特点都很清楚。当然，这并不是说他就可以不具有判断局部地区地形的能力了。统帅在熟悉总的地形方面，虽然可以从各种情报、地图、书籍以及回忆录中得到很大的帮助，在了解细节方面也可以得到参谋人员的帮助。但是，"迅速而清楚地判断地形的卓越能力，能使他的整个行动进行得更为轻松和更有把握，使他不致心中无数，也可使他更少依赖别人"。

坚忍

克劳塞维茨虽然对坚忍作了专章论述，但未能像对前几种精神力量那样，给它下一个明确的定义，并且论述也较简单。但从有关论述看，他所说的坚忍，主要是指一种在艰难困苦的情况下丝毫不动摇的意志力。

他认为，在世界上的任何场合，都没有像战争这样，情形与人们的想象往往不大相同。在战争中，一个统帅往往会受到真的和假的情报，由恐惧、疏忽和急躁所引起的错误，由正确的或错误的见解、怠惰和疲劳所引起的违抗行为，以及偶然事件等各种情况的冲击。即是说，统帅总是处在成千上万的，并且绝大多数是令人担忧的感受之中。然而，谁在这些感受面前让步，谁就会一事无成。统帅通过长期的战争经验，具备对具体现象迅速作出估价的能力，必须通过高度的勇敢和内心的坚强，像岩石抗拒波涛的冲击一样抵御住这些感受。在实现某种企图的过程中，只要还没有充分的理由可以否定这个企图，就必须要用坚忍精神来同这些感受对抗。

克劳塞维茨还特别强调了坚忍在战争中的重要作用，指出："在战争中，任何丰功伟绩，几乎没有一件不是经过无限的劳累、艰辛和困苦才取得的。如果说在这里肉体上和精神上的弱点常常容易使人屈服，那么只有那种表现为世世代代受赞赏的坚忍精神的伟大意志力，才能引导他达到目标。"

综上所述，在各种精神力量中，智力是一种到处都起主要作用的力量。但是，具有较高智力的统帅，也就是具有天才眼力的统帅，如果缺乏上述种种感情上和性格上的特性，还是不能载入史册的。

军事天才必须把知识变成能力

这个问题是克劳塞维茨在阐述战争理论问题时提及的。在他看来，战争理论必须把一般军事活动所必需的大量知识和技能，在用于战争以前，压缩成为数量极少的几条结论，就如同许多小河在流入大海以前先汇成几条大河一样。指挥战争所熟悉的，一般只是那些直接注入战争这个大海的主要结论。

然而，由于人们以往没有注意到战争中所需要的知识是简单的，而总是把作战知识，同那些为作战服务的活动的大量知识和技能混为一谈。当这些知识同现实世界的现象发生矛盾时，有些人就索性否认知识的用处，而把一切都归之于天赋，认为天才不需要理论，理论也不是为天才建立的。

克劳塞维茨认为："这种人的看法是不符合事实的。因为不积累一定数量的观念，就不可能进行智力活动，这些观念至少大部分不是先天带来的，而是后天带来的，这些观念就是知识。"所以说，问题不在于是否需要知识，而是在于需要什么样的知识。对此，克劳塞维茨指出："在军事活动的领域内，指挥官职位不同就需要不同的知识。如果职位较低，那么需要的是一些涉及面较窄而比较具体的知识。如果职位较高，那么需要的是一些涉及面较广而比较概括的知识。"

他还对统帅所需要的知识的要求作了专门的阐述，认为，虽然统帅不必是学识渊博的历史学家，也不必是政论家，但是，他必须熟知国家大事，必须对有关的大政方针、国家间的利害关系及其当权人物等，有所了解和有正确的评价；统帅不必是细致的人物观察家，不必是敏锐的性格分析家，但是，他必须了解自己部下的性格、习惯、思考方式和主要优缺点；统帅不必通晓车辆的构造和火炮的操作法，但是，他必须能正确地估计一个纵队在各种不同情况下的行军时间。尽管若从现在来看，克劳塞维茨要求统帅所需要的这些知识显得远远不够，但又毕竟给我们以某种启示。

克劳塞维茨还提出，统帅应多着眼于大事，不必过分拘泥于一些细枝末节，"因为人的智力是通过他所接受的知识和思想培养起来的。关于大问题的知识和思想能使人成大材，关于细小和枝节问题的知识和思想，如果不作为与己无关的东西而拒绝接受的话，那就只能使人成小材"。克劳塞维茨还对统帅获得知识的途径作了有益的探讨。他指出，统帅所需要的所有知识，"都不能靠科学公式和机械方法来获得，只有在考察事物时和在实际生活中依靠理解事物的才能通过正确的判断来获得"。

对此，他从两个方面作了进一步的阐述，他写道："职位高的人在军事活动中所需要的知识，可以在研究中，也就是在考察和思考中通过一种特殊的才能来取得（这种才能作为一种精神上的本能，像蜜蜂采蜜一样，善于从生活现象中吸取精华）；除了考察和研究以外，这种知识还可以通过生活实践来取得。通过富有教育的生活实践，人们虽然永远不能成为像牛顿或欧拉这样的人物，但却能获得像孔代或弗里德里希二世这类人那样的杰出推断力。"显然，这种看法是唯物主义的，并且它已触到了战争的直接经验和间接经验的问题。

在此基础上，克劳塞维茨认为，指挥官仅仅获得所需要的知识还是远远不够的，还必须注意根据不断变化着的战争情况，对已掌握的知识加以灵活运用。为此，克劳塞维茨对指挥官提出了"知识必须变成能力"的要求，并认为这个要求比获得知识更重要。

他指出："必须把知识融会贯通，变成自己的东西，使它不再是某种客观上的东西。"因为在人类的其他活动中，即使人们对学过的东西已经遗忘了，在使用时，也可以到落满灰尘的书本里去寻找，甚至他们每天在手里运用的知识，也完全可以是身外之物，即不是他们自己智力的创造。但战争就绝不是这样，"在战争中，人们的精神不断起着反应，客观情况不断发生变化，这就要求指挥员必须把全部知识变成自己的东西，必须能随时随地定下必要的决心。因此，他的知识必须同思想和实践完全融为一体，变成真正的能力。"不言而喻，克劳塞维茨在当时给指挥官提出的这一要求，至今仍有着重要的现实意义。

由上可见，克劳塞维茨不仅强调了精神因素在战争中具有的重要作用，而且还特别把精神因素中的人的因素（主要指将帅）提到了一个突出的地位，强调了人在战争中的能动作用。虽然在此以前，某些军事理论家，也曾对将帅在战争中的作用及其应具备的条件等问题作过论述。但是，像克劳塞维茨这种较为全面而详细的论述却是不多见的。尤其是克劳塞维茨从军事心理的角度对将帅的品性和才能所作的多方面的有益探讨，在军事思想史上，更有着不容忽视的重要意义。

对此，英国军事理论家利德尔·哈特曾给予了很高的评价，他说："克劳塞维茨对战争理论的最大贡献，是他特别强调了心理因素的作用。他大声疾呼，反对那个时代中是最时髦的几何学派战略。他明确指出，人类的精神要比那些作战线和作战角的观念重要得多。他分析了战争中'危险'和'劳累'对于军事行动的影响、'勇敢'和'决断'的价值。这些足以表明，他对此是有深刻认识的。"美国的军事评论家罗斯费尔斯赞誉到，可以看出，克劳塞维茨在他的全部著作中，对于精神和心理因素，都是估价极高的。可以说这是他对军事思想的最大贡献。克劳塞维茨对主将和普通将领所应有的素质，都分别作了详细的分析，这是非常有意义的。

当然，克劳塞维茨关于这方面问题的某些论述，还只是初步的，其中也掺杂了某些诸如把勇敢等精神力量的来源归之于个人的天性等非科学的观点，这也是需要我们在吸取有价值的合理因素时注意鉴别的。

七、军队的武德是战争中最重要的精神力量之一

"军队的武德"，是克劳塞维茨在论述战争的精神因素时提出的一个新概念。他认为，武德是军人在战争这一特殊事业中所应具有的美德，是一种可以单独考察的特殊精神力量。并对军队武德的特点、表现、作用及其获得武德的途径等问题作了有益的探讨。

军队的武德是一种特殊的精神力量

克劳塞维茨首先对武德的特点作了阐述。在他看来，武德主要有两个特点。

第一个特点是，"武德不同于单纯的勇敢，更不同于对战争事业的热情"。勇敢固然是武德必要的组成部分，但军人的勇敢不同于普通人的勇敢。普通人的勇敢是一种天赋的品质，而

军人的勇敢则必须通过锻炼和训练培养出来。这种勇敢必须摆脱个人勇敢所固有的不受控制和随心所欲的倾向，"必须服从更高的要求：服从命令、遵守纪律、遵守规则和方法"。他还认为，热情是人的一种精神素质，军人对所从事的战争事业的热情，"虽然能使武德增添生命力、使武德的火焰烧得更旺盛，但并不是武德必要的组成部分"。

武德的第二个特点是，组成武德的晶体，必须依靠军队的团体精神才能凝结起来。所谓团体精神，是指通过军队这个团体的制度、规章和习惯，把战争中的种种精神要素固定下来。克劳塞维茨认为，战争是一种特殊的事业，它同人类生活的其他各种活动是不同的。这种事业的特殊性，要求从事战争的人只要还在从事战争，就必须要把同自己一起从事战争的人看作一个团体，而不应轻视这种团体精神。在武德中，"这种团体精神好像是把起作用的各种力量黏结在一起的黏合剂。组成武德的那些晶体，要依靠这种团体精神才能比较容易地凝结起来。"

有鉴于此，克劳塞维茨还进一步对武德在个人和军队的特殊性表现分别进行了阐发。

他说："武德表现在个人身上就是：深刻了解这种事业的精神实质，激发、锻炼和吸取那些在战争中活动的力量，把自己的全部智力运用于这个事业，通过训练使自己能够确实而敏捷地行动，全力以赴，从一个普通人变成称职的军人。武德表现在一支军队上就是，在极猛烈的炮火下仍能保持正常的秩序，永远不为想象中的危险所吓倒，而在真正的危险面前也寸步不让；在胜利时感到自豪，在失败的困境中仍能服从命令，不丧失对指挥官的尊重和信赖；在困苦和劳累中能像运动员锻炼肌肉一样增强自己的体力，把这种劳累看作制胜的手段，而不看成倒霉晦气；只抱有保持军人荣誉这样一个唯一的简单信条，因而能经常不忘上述一切义务和美德。一支军队若具备上述素质，就是一支富有武德的军队。"

军队的武德促成了许多伟大的事业

克劳塞维茨在论述了军队武德的特点及其表现之后，还对武德在战争中的作用问题作了阐述。他指出："军队的武德是战争中最重要的精神力量之一。"他通过回溯历代战争史论述说，只要看一看历史上有名的亚历山大统率的马其顿军队、恺撒统率的罗马军团、亚历山大·法尔涅捷统率的西班牙步兵、古斯塔夫·阿道夫和理查十二统率的瑞典军队、弗里德里希二世统率的普鲁士军队和拿破仑统率的法国军队，就会知道："军队的这种精神力量，这种像从矿石中提炼出来的闪闪发光的金属似的优秀品质促成了多少伟大的事业……这些统帅只是依靠富有这种精神力量的军队才在最困难的情况下取得了惊人的成就，显示出他们的伟大。"

克劳塞维茨还具体论述了有关武德同指挥官和军队的关系。他认为，统帅必须要有武德。但是，一般说来，选择统帅应主要以其在卓越的品质方面所享有的声誉为根据，选拔大部队的指挥官，也应据此进行仔细的考察。然而，指挥官的职务越低，这种考察就可以越少，对个人才能的要求也可以相应地降低。但是，却必须相应地具有武德。他无非是说，武德对于统帅和普通将领等各级指挥官都是必需的，但对下级指挥官显得尤其重要，甚至在某种程度上要高于对他们品质和才能方面的要求。

他在论述武德同军队的关系时认为，武德是军队所必需的，它在各种感情力量中起着主要的作用。即是说，"只有常备军具有武德，而且也只有它最需要武德"。尤其是常备军同民众武装作战时，比同常备军作战时更需要武德。因为在常备军对民众武装作战的场合，兵力往往比较分散，各部队需要更多地依靠自己。也就是说，在这种场合，兵力越分散，军队就越需要武德。反之，当军队能够集中使用时，统帅的天才就能发挥较大的作用，以弥补武德的不足。所以说，军队如果缺乏武德，就应尽可能简单地组织战争，或加倍注意战争组织的其他方面，切忌用徒有其名的常备军去提供名副其实的常备军才能提供的东西。

克劳塞维茨在充分肯定武德在战争中具有重要作用的同时，也指出"事实上武德并不是一切"，不应把它的作用绝对化。他通过一些事例阐述到，即使没有武德，也可以像1793年法国西部万第郡的农民出色地战斗，像中世纪瑞士的自由农民和山区牧民组织起来的步兵、美国独立战争期间未受过正规训练的士兵，以及拿破仑占领下的西班牙人民那样，完成伟大的事业。甚至可以像17、18世纪奥地利统帅欧根和英国统帅马尔波罗公爵那样，率领杂乱的、缺乏武德的军队，去经常获得胜利。所以，绝不能"把武德看成似乎等于一切"，也"不应该说，没有武德就不可能取得胜利"。不过，也须明白，在缺乏武德这种精神力量时，应注意用统帅的才能、民众的热情等其他精神力量来弥补和代替，否则，所作的努力就难以收到应有的效果。并且，指出这一点又并非是要否定武德的作用，倒恰恰是为了使武德的概念更明确，不致其成为一个泛泛的一般概念。实际上，武德的作用是可以估算的。

军队的武德要靠战争锻炼和军事演习培养

克劳塞维茨认为，武德并不是通过任何途径都能够得以产生的。例如，那种单靠条令和操典黏合在一起的军队自负和虚荣心，是不能与一支满身创伤、久经锻炼的军队所发扬光大和经过锻炼的团体精神相比拟的。相当严厉的要求和严格的勤务规则，只能使军队的武德保持得长久一些，却不能产生武德。因此，我们虽然承认有关条令和规则的价值，但又不应对它们作过高的估价。再如，良好的秩序、技能、意志等以及一定的自豪感和饱满的情绪等，是和平时期训练出来的军队的特色，这应是受到珍视的，但是不能把它们与武德相互混淆。因为这样的军队即使有最饱满的情绪，然而一旦受到挫折，又很容易变得胆怯，甚至导致大溃败。

在克劳塞维茨看来，要培养军队的武德这种精神力量，只能依靠两个途径：第一个途径是，军队经历了一系列战争并取得了胜利；另一个途径是，军队经常经受极度的劳累和困苦，从而使军队在劳累和困苦中认识到自己的力量。并且，只有将二者结合在一起，才能产生出武德这种精神力量。他指出："只有在不断活动和劳累困苦的土地上，武德的幼芽才能成长，而且只有在胜利的阳光下才能成长。一旦武德的幼芽长成粗壮的大树，就可以抵御不幸和失败的大风暴，甚至可以抵御住和平时期的松懈，至少在一定时期内是如此。"克劳塞维茨的这一观点，同他的靠战争锻炼培养精神素质的看法是完全一致的。

如前所述，他把危险、劳累等战争的阻力，看作构成战争气氛的要素，是妨碍一切活动的介质。他还把军队的战争锻炼，称为减轻战争阻力的"润滑油"。并论述说，这种战争锻炼，

"使身体能忍受巨大的劳累，使精神能承担极大的危险，使判断不受最初印象的影响。通过锻炼就会获得一种宝贵的品质——沉着，这是下至士兵上至师长所必须具备的，它能减少统帅在行动中的困难"。对此，他还打过一个比喻，当人们刚进入黑暗的房间时，往往会使瞳孔扩大，使眼睛吸收仅有的微弱光线，待慢慢适应后，才能逐渐辨认出各种东西，最后看得十分清楚。一个经过锻炼的士兵在战争中的情况是与此相似的，而对于未经锻炼的新兵来说，只会感到漆黑一团。

然而，由于战争锻炼是任何一个统帅都不能赐给他的军队的，因此，平时获得战争锻炼的方法之一是军事演习。虽然军事演习同战争锻炼相比，效果总要差一些。但是，如果能使平时的演习更接近于实战的情况，"使每个指挥员的判断力、思考力甚至果断得到锻炼，那么这种演习的价值比没有实战经验的人所想象的要大得多。特别重要的是它能使军人——无论哪一级军人，都不致到战争中才第一次看到那些他们初次看到时会惊慌失措的现象"。关于上面提到的劳累问题也是如此，就是说，"在这方面的锻炼，不仅能使肉体，更主要的是能使精神习惯于劳累"。

在平时获得战争锻炼的另一种方法是，招聘有战争经验的外国军官（当然只是那些优秀的军官）来指导训练，或者派遣自己的军官到国外去熟悉战争。这种方法虽然不能很广泛地使用，却是极为重要的。

八、民众战争是战争整个发酵过程的扩大和加强

民众在战争中的地位作用，是曾被古今中外的一些军事家

和政治家所充分注意到了的一个问题。早在中国古代的战国时期，军事家吴起就指出："百姓皆是吾君而非邻国，则战已胜矣。"政治家商鞅也提出："有民者不可以言弱。"《管子》一书提出："凡兵之胜者，必待民之用也，而兵乃胜。"思想家荀况也提出："用兵攻战之本，在乎壹民……士民不亲附，则汤武不能以必胜也。故善附民者，是乃善用兵者也。故兵要在乎善附民而已。"汉代的淮南王刘安更是鲜明地提出："众之所助，虽弱必强；众之所去，虽大必亡。"西方的少数军事家也从一定程度上看到了民众在战争中的地位和作用。如俄国统帅库图佐夫说过，用缴获敌人的武器武装农民，部队就能得到大大的加强。任何一位统帅若能与勇敢的人民在一起都将是无敌的。

克劳塞维茨则不仅较自觉地意识到这个问题，而且在《战争论》中专辟有"民众武装"一章，对民众战争的地位、作用、特点及其运用等问题，作了有益的探讨，堪称开了民众战争理论研究的先河。

民众战争是不容忽视的战争现象

克劳塞维茨所说的民众，是指以农民为主要力量的民军。并认为，所谓民众的支持，"主要是（但并不完全是）指民军和民众武装的作用"。在克劳塞维茨看来，对于民众战争，通常有两种态度：一种赞成，一种反对。他对民众战争不仅一贯持赞成态度，而且还对其地位和作用作了充分的肯定。

他认为，在文明的欧洲，民众战争是 19 世纪才出现的现象。如果从对付敌人的角度来考察这一现象，那么，"一般说来，民众战争应该看作战争要素在我们这个时代突破了过去人为的限制的结果，看作我们称之为战争的整个发酵过程的扩大和加强。"这从过去局限性很大的军制那里就可以看到，在给养方面的征集制度，在兵役方面使军队的数量大大增加的全民征集制和普遍兵役制，以及后备军的利用，都是同一类事物的发展。在此之后的民军制度，即组织民众武装，也是这一类事物。

既然这几种新手段的出现，都是打破过去的限制的一种自然的和不可避免的结果，既然在战争中首先采用这些手段的一方大大增强了自己的力量，以致对方也不得不采取这些手段，那么，就民众战争来说，情况也会同样如此。"一般说来，善于运用民众战争这一手段的国家会比那些轻视民众战争的国家占有相对的优势。"可能有人会说，民众战争所耗费的各种力量，如果用在其他战斗手段上，可能更有成效。对此，克劳塞维茨认为，其实这些力量的绝大部分是不能为人们所自由支配和随意使用的。相反，在这些力量中居于主要部分的精神力量，甚至只有在民众战争中才能发挥出应有的效果。

克劳塞维茨在论述民众是有益于防御的手段的问题时指出："虽然战区内单个居民对战争的影响，在大多数场合像一滴水在整个河流中的作用那样，是微不足道的，但是，全国居民，即使在根本不是民众暴动的场合，对于战争的总的影响也绝不是无足轻重的。"他认为，如果民众确实服从本国政府，那么，在本国进行一切抵抗活动都较容易。相反，敌人要想使居民尽任何大小义务，就只能依靠强制手段，通过公开使用暴力才有可能。而使用暴力就必须运用军队，它将会使敌人消耗大量兵力和增加许多劳累。

在他看来，即使防御一方的民众由于缺乏自我牺牲精神，而不可能真正出于自愿地参加战争，但长期养成的公民的服从性也会使他们贡献一切。况且，出于真正忠诚的自愿协助，在任何情况下都是非常多的，在一切不需要流血牺牲的事情上，这种协助将会更多。以对作战有重要意义的情报来说，军队在日常勤务中，总是需要向当地居民了解有关敌人、友军和当面之敌的各种细小的情况，而如能同居民有良好的关系，就会在这方面到处占有优势。他还认为，如果由居民参加战斗，而发展到像西班牙那样，主要以民众战争的方式进行斗争的最高阶段，那么，情况就已经不单纯是民众支持在数量上的增加，而是出现了另一种力量，亦即使民众武装或民军成为一种独特的防御手段。

克劳塞维茨还在论述现代战争特点的问题时认为，拿破仑曾凭借其卓越的军事指挥艺术，使过去人们惯用的一切作用手段变得一文不值，许多第一流的强国也几乎被他一击即溃。然而，西班牙的民众却通过他们顽强的斗争表明，"民众武装和起义尽管在个别方面还有缺点和不够完善，但总的说来是能起很大作用的"。1813年的普鲁士也可以进一步说明这一点。1806年普法战争后，普鲁士军队按照条约不得超过四万二千人。然而，在1813年战争开始前，普鲁士则通过建立后备军的办法，将军队很快增加到二十五万人。就是说，这种根据后备军制度组织起来的军人是平时兵力的六倍。

上述情况表明，"民心和民意在国家力量、军事力量和作战力量中是一个多么重要的因素"。既然如此，各国政府在未来战争中不可能不使用民众武装和起义这一手段。

在论述要塞问题时，克劳塞维茨还进一步指出："在民众战争中，粮食武器和弹药不可能有正规的供给，而是靠民众设法解决的，通过这样的协助，可以发掘出数以千计的、点点滴滴的、不进行民众战争就始终得不到利用的抵抗力的源泉，这正表现了民众战争的性质。"在这里，克劳塞维茨虽然仅仅是从要塞防御的物力方面谈论问题，然而已十分接近于马克思主义关于人民群众是战争力量源泉的正确观点。

民众战争是战争发展的必然趋势

克劳塞维茨从战争史的角度对民众战争作了考察，指出："在18世纪的西里西亚战争时期，战争还只是政府的事情，人民参加战争仅仅是被用作盲目的工具。而19世纪初，作战双方的人民已经是举足轻重的力量了。"

他还在作这种考察时写到，早在鞑靼人出征时，几乎是全体民众参加了战争。在古代共和国和中世纪，同样是多数的民众参加了战争。但是，在18世纪，民众却根本没有直接参加战争，而只是通过其一般素质的优劣对战争发生某些间接的影响。

而在民众没有直接参加战争的情况下，各国政府在战争中，所能使用的手段的规模和持续的时间都有了一定的限度。作战双方根据这种限度，彼此都能估计出敌国金钱、财富和信用贷款的多少，以及敌国军队的多少。知道了敌人战争力量的多少，也就可以使自己较有把握地不致遭到完全的毁灭；同时，意识到自己的力量有限，也会选择适当的战争目标。

另外，在战争爆发后，不可能迅速而大量地增加战争力量。在战争中，如果军队被粉碎了，又很难重新建立起新的军队，这就要求在采取行动时必须特别谨慎。由于战争所依靠的基础是窄小的，因而战争只能具有有限的、规模较小的形态。其结果，使战争不仅就其手段来说，而且就其目标来说，越来越局限于军队本身。人们在进行战争时，总是按照习惯的方式，把希望寄托在为数不大的军队上。

然而，当法国大革命爆发以后，民众再一次大量地参加了战争。于是，就不止局限于政府和军队，而是广大民众以其固有的力量来决定战争问题了。这时，所能使用的战争手段已经没有一定的界限了，用来进行战争的力量再也遇不到任何阻力了，因此，它形成了对敌人的巨大威胁。对此，克劳塞维茨还列举了有关的战争史例进一步说明，自从拿破仑出现以后，战争首先在作战一方，而后又在另一方成为全体民众的事情。拿破仑在资产阶级革命中，曾经依靠和利用法国民众力量的军队屡建奇功。然而，当他征服和奴役欧洲时，同样遭到了民众武装的反抗。

1808 年，法国侵入西班牙，西班牙人民奋起抵抗，开展了广泛而深入的人民游击战争。民众武装遍布全国，游击队不断袭扰敌人，致使法军精疲力竭。同年 11 月，拿破仑亲自率领二十万军队到西班牙镇压，也未能完全解决问题。为了扑灭西班牙人民战争的烈火，法军出兵最多时达三十六万人。1812 年，法军的战略重点虽然是进攻俄国，但仍不得不抽出十余万军队对付西班牙的民众武装。在对西班牙的这场旷日持久的战争中，法军派出了五十多万士兵，其中死伤约三十万。西班牙人民战争还使法军长期处于东西两线作战的不利境地。这场战争持续了六年之久，直到 1814 年春，法军被迫撤出西班牙。有人曾形容说，一只狮子被许多跳蚤折磨死了。虽然比喻不够贴切，但它又确实是法国在西班牙失败的一个真实写照。拿破仑自己也不无感慨地抱怨说："正是这个西班牙脓疮把我毁了。"

在奥地利，1809 年政府作出了异乎寻常的努力，组织了预备队和后备军，奋起抗击法国入侵者，使结果十分接近预定的目标，所做出的事情比这个国家以前认为可能做到的事情还要多。

在俄国，1812 年仿效了西班牙和奥地利的先例，在抗击拿破仑入侵时，农民自动组成游击队，到处袭击法军，捕捉零散人员，破坏桥梁，阻断交通，使敌人处处不得安宁，兵力被迫分散，从而有力地配合了正规军作战。

在德意志，1813 年普鲁士首先奋起行动，把战争变成了民众的事情，在人口减少一半和根本没有金钱和贷款的情况下，使兵力比 1806 年增加了一倍。德意志的其他各邦也都先后仿效了普鲁士的先例。如果把参加战争的和损失了的人员都计算在内，德意志和俄国在 1813 年和 1814 年的两次战局中，对法国作战大约使用了一百万人。

总之，在克劳塞维茨看来，各国人民参加了战争这一重大的国家事务，因而使对战争手段的限制已经消失在政府及其臣民的干劲和热情之中。并且，作战手段的增多，可能取得成果范围的扩大，以及人们激情的极为强烈，使作战的威力异乎寻常地提高了，并使打垮敌人真正地成为军事行动的目标。于是，战争要素从一切因循守旧的桎梏中解脱出来，爆发出全部自然的力量。战争已不是按照旧的方式，而是按照新的方式进行了。

关于各国人民之所以参加战争的原因，克劳塞维茨认为主要表现在两个方面："一方面是由于法国革命在各国内部产生了影响，另一方面是由于各国人民遭到了法国人的威胁。"那么，这种民众战争是否能够继续持久地进行下去呢？克劳塞维茨认为，这很难断定，也不应武断地作出结论。但是，有一点可以承认，即当人们还没有意识到民众战争的意义时，某些限制才存在着。然而，这些限制一旦被打破，就不容易再恢复起来了。至少每当发生重大的利害关系时，作战双方的敌对情绪就得用民众战争的方式来解决。

民众武装如同燎原之势的熊熊烈火

克劳塞维茨在阐述民众战争的地位、作用及发展趋势的基础上，还探讨了民众武装的特点及条件。

他曾对民众武装的特点作了十分形象的描述，他说，民众武装如同"燎原之势"的"熊熊烈火"，从四面围困敌军，烧毁敌军的基地和交通线，破坏敌军的生命线。而敌人则难以对付这股无形的力量。敌人不可能像驱逐一队士兵那样赶走武装的民众，而武装的民众却可以十分巧妙地向四面八方散开。他们分散隐蔽，突然袭击，机动灵活，时隐时现，神出鬼没地采取一切手段打击和削弱敌人，使敌人所到之地"处处都有抵抗的因素，但是，处处又都捉摸不到"。

克劳塞维茨还指出，尽管民众武装这种独特的防御手段，具有其他手段所无法代替的重要作用。然而，我们又不能把民众武装的作用夸大为万能的，似乎它如同人们所无法对付的风雨一样，是单靠军队所无法对付的用之不尽而不可战胜的东西。

实际上，民众武装发生效果应具备许多条件。他曾提出了使用民众武装必须具备的五个基本条件：一、战争在本国腹地进行；二、战争的胜负不仅仅由一次决定；三、战区包括很大一部分国土；四、民族的性格有利于实行民众战争；五、国土上有山脉、森林、沼泽或耕作地等，地形极其复杂，通行困难。

他对第五点似乎作了格外的强调，他说："民众战争和民众武装等，在极其复杂的地形上和兵力十分分散的情况下，可以发挥其优越性。但只有在这种地形上才是这样，因为民众武装通常都缺乏大部队集中作战时必不可少的一切特性和武德。"他在论述森林地防御问题时又说："任何大森林对民众武装的活动的影响都是极为重要的，大森林无疑是民众武装的真正的活动场所。"

他阐述说，在民众战争条件的问题上，一个国家的人口多少不起决定性作用。因为在民众战争中，很少会发生缺少人员的情况，居民的贫富不直接起决定性作用。但是，又不应否认，贫穷的、习惯于吃苦耐劳的人民往往会表现得更勇敢、更坚强。

他还认为，如果像德国的许多地区那样，居民居住得很分散，则非常有利于发挥民众战争的效果。因为它可以分割成很多零散的小块，便于人们隐蔽，尤其是民众战争通常所具有的那种特点，更便于在这里得到表现，而军队要在这些地区设营，则会遇到无穷的困难。相反，如果居民集中在一些村庄里居住，则会给敌军的行动提供方便，敌军会占领那些反抗最激烈的村庄，甚至为了惩罚居民而把这些村庄抢光、烧光。但是，这种做法对居住分散的地区大概是行不通的。

民众武装是一种巨大的战略防御手段

与此同时，克劳塞维茨还进一步具体阐述了民众武装的任务及其使用的原则。

第一，民众武装不宜对抗敌军的主力，只能从外部和边缘蚕食敌军。

克劳塞维茨指出："民军和武装的民众不能而且不应该用来对抗敌军的主力，甚至也不能用来对付较大的部队，它们不能用来粉碎敌军的核心，而只能从外部和边缘去蚕食敌人的军队。"

民众武装应多在地形极其复杂的山地、森林、沼泽地等，不便于在敌军大部队行动的地区，分散、隐蔽、突然地打击敌人；他们应多进行小规模的战斗，执行诸如破坏道路、炸毁桥梁、封锁隘口、袭击兵站和运输队等项任务；他们应在敌人大部队没有到达的战区两侧地区起来反抗，亦即在敌人翼侧和后方采取行动，使这些地区完全摆脱敌军的影响；他们应像密集在战区两侧的乌云，紧跟着敌人移动；他们应靠数量上的优势，去战胜敌军的小部队，进而激发起斗争的勇气和斗志，一直发展到能够决定整个战局为止。

民众武装最初活动的规模总是有限的，敌人由于害怕过多地分割自己的兵力，派来对付他们的部队往往也是不大的。然而，"民众战争的火焰通常恰恰就是在同这些小部队的斗争中燃烧起来的"，凡是在敌军大部队没有出现的地方，民众都不会缺少武装起来反抗敌人的勇气，邻近地区的大批居民若能追随这个榜样，反抗的火焰就会以燎原之势迅速蔓延。

第二，民众武装不宜凝结成反抗的核心，但必要时可作相对集中。

克劳塞维茨认为，民众武装在兵力使用上，应采取分散抵抗的方式，"不适于通过对敌人进行时间上和空间上集中的重大打击来发挥效果……这种抵抗的效果像物质的蒸发过程一样，取决于面积的大小。面积越大，民众武装同敌军的接触越广泛，也就是敌军越分散，民众武装的作用就越大。民众武装像暗中不断燃烧着的火焰一样破坏着敌军的根基。"

他还指出："民众战争必须像云雾一样，在任何地方也不凝结成一个反抗的核心。否则，敌人就会用相应的兵力来打击这个核心，粉碎它，俘虏大批人员……但另一方面，这种云雾却还有必要在某些地点凝结为较密的云层，形成一些将来能够发出闪电的具有威胁力量的乌云。"这些地点，主要是在敌人战区的两侧。从这些地点起，越深入到敌人的腹部，民众武装就应越分散，因为他们在那里易遭受最强烈的打击。

上述较为集中的民众武装的任务，是袭击敌人留下的较大的守备部队。此外，他们还要使敌人产生并加深对整个民众武装在精神上所造成的恐惧和忧虑。如果没有这样一些集中的民众武装，那么，民众武装的全部活动就会没有力量，整个形势也不会使敌人产生极度的不安。

第三，民众武装的作战应与正规军的作战结合起来。

克劳塞维茨说，统帅要想根据自己的意愿，使民众武装具有上述对敌人形成较大威胁的力量，"就必须考虑使民众武装的作战同正规军的作战结合起来，并通过一个总的计划使二者相互协调起来"。

其中，最简单的方法，就是派一些正规军组成的小部队去支援他们。也就是说，"民众武装必须结合成更大的、更有组织的整体，并配以少数正规军，这样，民众武装就会具有正规军的形式，敢于采取较大规模的军事行动"。在通常情况下，派来支援民众武装的正规军越多，对民众的吸引力就越强，民众斗争的声势就会如同雪崩那样越来越大。反之，如果没有少数正规军去做这种鼓舞人心的支援，居民多半往往会缺乏拿起武器的信心和动力。

当然，支援民众武装的正规军的数量也并非越多越好，它也有一定的限度。如果把整个军队都分散去支援民众武装是有害的，它容易因此而形成一条处处薄弱的防线，导致正规军和民众武装的同归于尽。并且，当一个地区的正规军太多时，又往往反会削弱民众战争的力量和效果。原因在于：正规军太多会把过多的敌军吸引到这个地区来；居民也会过分依赖自己的正规军；大量部队驻在一个地区，所需的宿营、运输、粮食供应等也会大大消耗居民的力量。

第四，民众战争只是战略防御手段，不能用于战术防御。

克劳塞维茨指出："防止敌人对民众战争进行强有力的还击的另一个手段是，很少或根本不把这一巨大的战略防御手段用于战术防御；这同时也是运用民众战争的一个主要原则。"

在他看来，民众武装进行战斗的特点是："他们攻击非常猛烈而有力，但是不够沉着，难以持久。此外，对民众武装来说，被战败和被击退是无关紧要的，因为他们对此早有准备。但是，他们却不能遭到伤亡惨重、被俘很多等致命的打击，这样的失败会使民众战争的火焰很快地熄灭。"他认为，民众武装在战斗中表现出来的这两个特点，同战术防御的性质是完全不相容的。防御战斗通常要求部队进行持久的、缓慢而有计划的行动和果敢的冒险；而倘若像民众武装这样，使防御仅仅成为一种很快放弃的单纯尝试性的活动，那将永远不能带来战果。

虽然民众武装可以而且应该在自己力所能及的范围内，用来防守山地的入口、沼泽的堤道、江河的渡口等地点。但是，当这些地点都被敌人突破时，民众武装就不能集结以致被敌人封锁在狭小的、堪称最后避难所的正规的防御阵地上，他们应设法分散开，并利用突然袭击等方式继续进行防御。也就是说，"用民众武装防御某一地段时，绝不应该让他们进行决定性的防御战斗，否则，即使情况再有利，他们也会遭到毁灭"。他还论述说："不论民众多么勇敢，多么尚武，不论他们对敌人的憎恨多么强烈，地形对他们多么有利，也决不能否认，民众战争在过分危险的气氛中是不能持久的。因此，如果人们想使民众战争这种燃料在某个时刻燃起熊熊烈火，那就必须选择一个离危险较远的通风而又不致遭到能扑灭火焰的重大打击的地方。"

从以上不难看出，克劳塞维茨在战争与民众关系的问题上，确有许多独到的见解，某些观点至今看来仍有现实意义。也正因此它曾受到国外一些学者的高度评价。例如，美国陆军准将乔治·斯托泽认为，克劳塞维茨关于人民战争的思想，是进行游击战的很宝贵的指南。它经过其他一些权威人士的充实，已经为世界各国所运用。又如，德国教授维尔纳·哈尔韦格高度评价到，克劳塞维茨非常合理地把游击战这种斗争形式纳入其军事理论之中。他对游击战这种战争形式作了符合时代精神和超越时代的结论。他运用辩证方法对游击战争作出了恰当的、多方面的，同时又是现实的评价，并根据其本质将其与政治——战略整体联系起来看待，进而为促进现代的、以哲学为基础的游击战理论的进一步发展作出了贡献。

克劳塞维茨既注意联系政治考察民众战争的作用问题，又力图反对从政治角度看待与民众武装有关的国内革命问题。

他曾把民众战争反对者的看法区分为两种：一种是基于政治上的理由，把民众战争看作一种革命的手段，是公认为合法的无政府状态，它对国外的敌人固然危险，但对国内的社会秩序同样是危险的。另一种则基于军事上的理由，认为进行民众战争会耗费大量的人力物力，是得不偿失的。在克劳塞维茨看来，第一种看法与民众战争问题没有关系，并提出，应"仅仅把民众战争看作一种斗争手段，也就是只从用它对付敌人的角度来考察它"。他曾认为，只要作战双方的大量民众参加战争，战争就能够"变成全体人民的事情"。列宁曾批评了这种看法的不正确性。因为历史上的任何战争，总是为一定阶级、国家、民族和政治集团的政治目的服务的，民众参加战争数量的多少，并不能说明某一战争是否符合广大民众的利益。

此外，克劳塞维茨一方面认为，民众武装在战争中具有重要作用。另一方面，又把民众武装只看作用于正规军进行战争的自始至终的辅助手段，即只能"把民众武装作为会战失败后的最后补救手段，或者作为决定性会战前的自然辅助手段"。他还把民众参加战争看作不得已，它如同民众看到自己被置于深渊的边缘时，像溺水的人本能地抓稻草那样，去想尽一切办法来挽救自己。这就在无形中贬低以致限制了广大民众在战争中的伟大作用。

九、进攻和防御两种作战形式是相互交错的

进攻与防御，是战争的两种最基本的作战形式。在中国古代，一些兵家和思想家就已朴素地反映了二者的关系问题。如孙武指出："攻而必取者，攻其所不守也；守而必固者，守其所必攻也。故善攻者，敌不知其所守；善守者，敌不知其所攻。"唐初的大将李靖也阐述道："攻是守之机，守是攻之策。""敌未可胜，则我且自守，待敌可胜则攻之尔。""攻守一法，

敌与我分为二事。若我事得则敌事败，敌事得则我事败。得失成败，彼我之事分焉。攻守者，一而已矣。"

西方一些军事家和军事理论家也对进攻与防御的关系问题，作过程度不同的论述。如法国的拿破仑曾指出，防御战争不能排斥进攻，就像进攻战争中不能没有防御一样。又说，整个战争的艺术，就是先作合理周密的防御，然后再进行快速、大胆的进攻，普鲁士的比洛认为，在防御战中，不应直接面对敌人的正面配置兵力，消极地抗击敌人的进攻。而是必须扼守住侧翼阵地，然后适时转入进攻。因为不管防御阵地的地势多么不利，总是有可能被敌人迂回而失去其意义。奥地利的卡尔大公把进攻与防御看作两种基本的作战类型，并认为，进攻战是最有利的类型，因为进攻战可以保持主动，可以把自己意志强加于敌人，并能最迅速达到预定的作战目的。而防御战只有在预定而后要转入进攻战时，才可能是有意义的。瑞士的若米尼对攻防关系问题，更作过专门的论述。但是，相比之下，克劳塞维茨的有关论述则更为详尽、新颖和深刻。

每一种防御手段都会引起一种进攻手段

克劳塞维茨在探讨进攻与防御所具有的相反相成的情形时，一方面认为，进攻和防御是相互区别的。在他看来，这种区别的具体表现是：其一，攻防行动企图不同。进攻和防御之间有一个极为重要也是唯一的原则性的区别，即进攻者希望并采取行动，而防御者等待行动。其二，攻防强弱不同。进攻和防御不是动机不同的同一种作战形式，而是"不同的作战形式，它们的强弱是不相等的"。其三，攻防达于战争目的的方式不同。"战略进攻直接追求战争的目的，它是直接以消灭敌人军队为目标的，而战略防御只是力图部分地、间接地达到这个目的"。其四，攻防各自的任务不同。进攻往往是占领一个地区或占领一个目标，而防御则是防守一个地点或防守一个目标。

克劳塞维茨另一方面认为，进攻和防御是相互依存的。假如作战双方的统帅都能了解到，在某一时刻，作战的双方只有一方在前进，而另一方在等待，那么一方前进的根据，同时也可以成为另一方等待的根据。他说："防御的规则以进攻的规则为根据，而进攻的规则又以防御的规则为根据，这是十分自然和必要的。"

例如，在防御会战中，如果统帅要求尽量推迟决定胜负的时刻，以便赢得时间，那么，在进攻会战中，统帅就会要求决定胜负的时刻迅速到来。又如，在进攻和防御的目标及地点的选择上，如果说最有利于进攻的目标和地点，是进攻者决定自己进攻方向的依据的话，那么，这个依据反过来对防御者也必然有用，当防御者还不知道进攻者的意图时，这个依据必然是他行动的指南。

如果进攻者没能选定最有利的方向，他就得放弃本来可以得到的一部分利益；而如果防御者恰好在有利于自己的方向上防御，就会迫使进攻者必须付出代价或作出某种牺牲，才能避开或从防御者的侧旁通过。因此，作为防御者，只要阵地选择得当，在大多数情况下，他可以确信进攻者是会来找他的。而对进攻者来说，如果防御者配置在有利于自己的方向上，进攻者就应向它挑战以引开它；如果防御者的阵地太坚固，进攻者就应努力从防御阵地的侧旁通过；如果防御者没有配置在正确的地点，进攻者就应在这个方向上前进，以便击败防御者。

进攻和防御的相反相成，又必然会导致二者的相互作用、相互促进。即是说，攻防双方为了达到各自的目的，必然会互以对方为根据，来不断改进和发展自己的攻防手段。并且，进攻手段的发展，必然会影响和促进防御手段的发展；而防御手段的发展，又会影响和促进进攻手段的发展。正如克劳塞维茨指出的，在战争史上，"每一种防御手段都会引起一种进攻手段"，同样，"一种进攻手段是随着一种防御手段的出现自然而然地出现的"。也就是说，当防御的方法"一经确定，进攻就针对它们采取对策；防御研究了进攻所使用的手段，于是又产生新的防御原则"。如此循环往复，以至无穷，它促使攻防手段在相互作用中不断向前发展。显然，它初步揭示了进攻和防御这两种作战形式不断发展的内在动力。

对此，克劳塞维茨还通过考察现代军事艺术的发展过程，对攻防的相互作用、相互促进，进一步证实：最初在三十年战争和继承西班牙王位的战争期间，军队的展开和配置是会战的最主要的事情之一，它通常对防御者十分有利，因为防御者的部队已先敌军配置和展开完毕。后来，军队的机动能力一增加，这个有利条件立刻就不存在了。于是，进攻者曾有一个时期取得了胜利。以后，防御者设法以河流、深沟和山岭作掩护，又取得了决定性的优势。直到进攻者变得十分机动，十分灵活以至敢于冲入这些地形复杂的地区，并分成几个纵队迂回进攻对方时，防御者才又失去了优势。对此，防御者便把正面配置得越来越宽，这又必然使进攻者采用新的进攻原则，即把兵力集中在几个点上，突破对方纵深不大防御的阵地。于是，进攻者又一次取得了优势。它又迫使防御者不得不再次改变自己的防御方法，即把军队集结成几个大的集团，通常不预先展开，而是尽可能隐蔽地配置好，待到进攻者的作战企图暴露后再采取行动。

　　不言而喻，如果进攻者再发明某种新的、有效的进攻方法，防御者又必然会采用新的防御艺术，进攻和防御总是这样相互作用并相互促进的。

防御是由巧妙的打击组成的盾牌

　　恩格斯在批判攻防机械论的观点时曾指出，在战争史上，有一种观点认为，两军在战场上相遇时谁先夺得主动权，或者换句话说，谁先攻击，谁就能取得决定性优势，这种看法显然需要大大地修正。可以说，克劳塞维茨就是较早"修正"片面强调进攻或防御观点的军事理论家之一。

　　克劳塞维茨认为，无论是进攻还是防御，都不是纯粹的形态，它们总是相互包含的。他精辟而明确地指出："战争中的防御（其中包括战略防御）绝不是绝对的等待和抵御，也就是说，绝不是完全的忍受，而只是一种相对的等待的抵御，因而多少带有一些进攻因素。同样，进攻也不是单一的整体，而是不断同防御交错着的。""正如没有一个防御战局是纯粹由防御因素组成一样，也没有一个进攻战局是纯粹由进攻因素组成的。"

　　通常所说的进攻战，只是以进攻为主，其中总还包括部分的防御。例如，奥斯特利茨会战是法军的一个著名进攻战役，它一举消灭奥俄联军三万余人。在会战中，法军为了牵制敌军主力，掩护右翼自己主力的进攻，曾以一部分兵力在右翼防御。

　　同样，通常所说的防御战，也只是以防御为主，其中总包括部分的进攻。例如，1812 年 9 月，俄军在博罗季诺抗击法军的进攻，是一次大规模的防御战役。在防御过程中，俄军为制止法军进攻，曾使用两个骑兵军向法军右翼反击，这种反击就是局部上的进攻。

不过，克劳塞维茨更多地是从防御的角度来论述攻防相互包含或相互渗透的问题的。这个问题，实际上也就是积极防御的问题。在军事思想上，克劳塞维茨第一次明确提出了"积极防御"或"积极的防御"和"消极防御"或"消极的防御"的成对概念。

按照克劳塞维茨的理解，所谓积极防御，指的是目的消极但手段积极的防御。即是说，应在据守中攻击敌人。所谓消极防御，是指目的和手段都消极的防御。即单纯据守而不进行积极的还击。在这里，克劳塞维茨把进攻和防御作为手段，联系战争的目的，阐释防御的消极和积极的性质的思想是颇有见地的。因为进攻防御同战争目的是紧密联系着的，它们不过是实现战争目的的两种最基本的手段，它们只有同战争目的相联系才能发生作用。并且，战争目的内在矛盾的地位和作用，决定了攻防矛盾的地位和作用。

克劳塞维茨不仅提出了"积极防御"和"消极防御"这两个明显对立的概念，而且，还鲜明地主张积极防御，反对消极防御。他说："防御绝不能以绝对消极的概念为基础。"尽管有些防御的主要基础具有非常消极的性质，但它必须具备一些积极的手段，并通过各种方式利用这些手段去应付各种复杂的情况。他还认为，防御的一条主要原则就是：绝不要采取完全消极的防御，而应采取积极的防御。对防御者来说，筑城术不应使他像躲在城墙后面那样进行防御，而应使防御者更有把握地攻击敌人。

他从攻防各自所具有的目的的问题上阐述说，进攻具有驱逐敌人的积极目的，防御则具有据守的消极目的。但是据守并不是单纯的抵御进攻，并不是一种纯粹的消极行动、一种绝对的忍受，而是应在据守中进行积极的还击，即消灭敌人进攻部队。因此，只能把防御的目的看作消极的，不能把防御的手段也看作消极的。

他还从攻防共同具有的目的的问题上阐述说，必须要像对待进攻那样，把防御看成一种战斗，而进行战斗就只能是为了争取胜利。因此，胜利是进攻的目的，也是防御的目的。既然如此，人们就没有任何理由设想防御者可以以通达的手段获取胜利。尤其从敌人采取行动的时刻起，防御者就不能再通过单纯的等待达到自己的目的了。这时防御者必须像进攻者一样行动起来。

以 1814 年的法兰西战役为例。莱比锡之战以后，第六次反法联军以二十三万的绝对优势兵力，分三路直扑巴黎。当时在前线阻挡联军进攻的法军，仅约五万人（也有说八万人）。在数倍于己的强敌面前，拿破仑并未死守巴黎，而是力求以攻为守，在数量占优势的联军未会合巴黎之前予以各个击破。

1814 年 1 月 25 日，拿破仑离开巴黎，迅速东进，亲自指挥在马恩河畔的夏龙军团迎击联军。当时，拿破仑手中可供使用的兵力仅四万七千人，而其正面联军两个军团的兵力已超过二十三万人，并仍有援军源源不断地开来。拿破仑决心在防御中实施进攻，从被动中争取主动。27 日在圣迪济埃击败普将约克，并迫使布吕歇尔后退，29 日又在布里埃纳重创普军。法军虽连战皆捷，但未能阻止普、奥两军的会合。

2 月 1 日，拿破仑在拉罗蒂埃会战中，被三倍于己的俄、奥、普联军击败，形势十分危急。拿破仑经两夜的思索，决定暂时让步，接受反法联盟的条件。但9日早晨起床后，拿破仑发现联军在部署上犯了错误，即联军为了行军和供应的方便，试图分兵进军巴黎，遂又改变主意，拒绝求和，准备再战。

拿破仑利用联军分兵的弱点，决定对较弱的施瓦岑贝格军队实施防御，自己亲率主力对较强的布吕歇尔军队实施猛烈攻击。而后，拿破仑于2月10日在尚波贝尔、2月11日在蒙米赖、2月12日在沙托切里、2月14日在沃尚、2月18日在蒙特罗，对联军频频发动攻击，接连打了五个胜仗，消灭联军约八万人。

拿破仑这一连串的攻击行动，把联军打得晕头转向，一时不知所措，迫使联军总司令施瓦岑贝格请求停战议和，遭到拿破仑的拒绝。其后又于3月初，以四万人进攻后退的施瓦岑贝格军，以三万五千人追击布吕歇尔军，力求逐个地将敌歼灭，扭转战局。

由此可见，拿破仑面对强敌的进攻，并未采取消极防御，而是在巴黎以东实施攻势作战，以有限的兵力，获得一个又一个胜利。这曾使一些历史学家和军事家惊叹不已。

一位同时代的学者这样写道："遭受欧洲各国军队铺天盖地地从四面八方追击着的皇帝，像一头雄狮那样进行战斗，忽而向这边冲去，忽而向那面冲去，以运动的惊人速度战胜他们的策略，使他们的计划落空，使他们筋疲力尽。"恩格斯也曾对拿破仑的这个战局给予高度评价，他说，拿破仑在1814年进行的法兰西战役，是"在完全防御性的战局中进行进攻战和不断攻击的最出色的例子"。在这个战局中，"这位在遭到入侵的国土上纯粹进行防御的统帅，在一切地点一有机会就向敌人进行攻击；虽然整个说来兵力始终比入侵的敌人少得多，但是他每次在攻击地点都能造成优势，而且通常都获得了胜利。"

克劳塞维茨还认为，防御是由等待和行动这两个性质不同的部分组成的。等待和行动（常常是反攻或还击），是组成防御的两个十分重要的部分，没有等待，防御就不成其为防御，没有行动，防御就不成其为战争。

从防御时间上说，一次防御行动，特别是一次大的防御行动，不能机械地划分为两个阶段，即第一个阶段只是等待，第二个阶段只是行动。实际上，战局或者整个战争是由等待和行动这两种状态交错构成的。

从防御类型上说，进攻无论在防御战局、防御会战和防御战斗的任何一种类型中都是存在的，在防御战局中可以有进攻行动，在防御会战中可以有某些师进攻，在防御战斗中也可以用进攻的子弹追击敌人。

克劳塞维茨由此概括道："防御这种作战形式绝不是单纯盾牌，而是由巧妙的打击组成的盾牌。"

值得注意的是，尽管克劳塞维茨认为，积极防御在战争中具有重要作用，但又提出，不能简单地把这种手段运用最多，甚至把运用进攻手段的防御都看作最好的防御。因为这一方面在很大程度上要取决于地形的性质、军队的性质，以及统帅的才能；另一方面，它也容易使人们对运动和其他积极的辅助手段寄予过多的希望，而忽视利用险要的地形障碍等去进行防御。它无非告诉人们，防御中的攻击行动是有条件的，不能简单从事。因为防御战毕竟是以防御为主，攻击行动只是它的辅助手段，不能脱离条件加以滥用。必须善于根据具体情况判断进攻手段的使用价值，并根据具体情况加以适当地运用。

向本国腹地退却是一种特殊和间接的抵抗方式

克劳塞维茨曾提出，应注意区别对防御有不同影响的两种情况。

第一种情况是，当防御者的兵力弱小而不能进行任何猛烈的还击时，等待就成为目标。在这种情况下，防御者主要就是尽可能长期地占有并完整地保持自己的国土。就是说，防御者在战略上处于这种被动的状态时，在某些地点取得的利益往往只是抵抗住敌人的进攻。即便它在这些地点上取得了优势，也必须转用到别的地方去。因为在这种情况下，各处的情况通常都是危急的。如果它连这样的机会都不具备，那就只能去取得暂时喘息的微小利益了。

第二种情况是，当防御者的兵力不是太弱时，那么在防御的目标和实质不变的情况下，它也可以采取诸如入侵、牵制性进攻、进攻个别要塞等一些小规模的进攻行动。虽然这时的主要目的只是获得暂时的利益，以用来补偿损失，而不是永久的占领。但在这种情况下，防御中已经包含有积极的意图，并带有较多的积极的性质。而且各种条件越容许进行猛烈的还击，积极的性质就越多。换句话说，越是主动地采取防御，以便将来确有把握地进行还击，就能越大胆地给进攻者设下圈套。

克劳塞维茨认为，在这里，"最大胆的、成功的效果最大的圈套是向本国腹地退却；这也是同上一种防御方法差别最大的一种手段"。他说："我们也可以在敌人开始进攻时把自己的部队后撤，诱敌进入一个陌生的地区，然后再从各方面袭击他。"又说："当进攻者轻率从事，在某些地点暴露出自己的弱点时，防御者可以把攻击敌人的单独部队或主力作为整个防御的必要的补充手段。"即是说，防御者可以把伺机进行有利的战斗作为特殊的企图。并指出："我们把主动向本国腹地的退却看作一种特殊的间接的抵抗方式，采用这种抵抗方式时与其说是用我们的剑消灭敌人，还不如说是让敌人通过自己的劳累拖垮。"

这种防御方法的优点是：使进攻者的力量在长时间的消磨中遭受削弱，使退却者的力量通过放弃空间赢得时间得到加强；造成进攻的给养困难，而退却者则给养有余；造成对退却者有利的情势，陷进攻者于不利的会战态势之中。其缺点在于：随着敌人的入侵而受到损失；退却在精神上给人们造成不利的影响。这种方法必须具备的条件是：国土辽阔，或至少是退却线较长，农作物不多的地区；有忠诚尚武的民众；气候恶劣的季节等。其中，第一点是主要和根本的。

实施这种防御方法的原则是：应该尽可能地退向本国腹地，使敌军处在我军各个地区的包围之中；突然变换退却线的方向，迫使敌人放弃原有的交通线和已占领的地区；主力应该集中全部兵力，沿着诱敌深入的方向退却，并千方百计地迫使敌军不断消耗力量；到达退却终点后，应尽可能占领同这条前进路线斜交的阵地；并利用所掌握的一切手段威胁敌军的背后，从而迫使敌军退却。

克劳塞维茨特别强调说，这种退却，不同于会战失败后的退却。它是防御者在没有战败的情况下，带着未受挫折的仍有的锐气在进攻者前面的主动退却，它不是逃避或根本不准备进行主力会战，而是避开强敌的锐气，待敌军疲惫和兵力大大削弱之后，转入反攻夺取胜利。

他还由此得出结论说，在防御战中，"人们永远只有通过积极的措施，即以决战为目标，而不是以单纯的等待为目标，才能取得巨大的积极成果"。列宁曾对克劳塞维茨的上述思想表示赞许，并推荐说："如果力量显然不够，那么最重要的防御手段就是向腹地退却（谁要是认为这只是临时拉来应急的公式，那么，他可以去读一读克劳塞维茨……关于这一点的历史教训的总结。）"

以1812年的法俄战争为例。战前，拿破仑为征俄集结的军队约六十八万人，火炮一千三百多门，号称"大军"。而当时俄军约四十多万人，火炮九百余门。拿破仑企图速战速决，曾计划在最短的时间内，以一两次决战歼灭俄军主力，进军莫斯科，迫使亚历山大一世媾和。所以，拿破仑急于寻找俄军主力进行决战。面对拿破仑优势兵力的进攻，俄军代理总司令巴克莱在战争一开始就决定实施战略退却，企图以空间来换取时间和创造条件。俄军且战且退，撤向内地。

拿破仑在尚未歼灭俄军主力的情况下，恃强长驱轻进，深入俄国腹地，出现了许多以往战争中所未遇到的种种新问题。如由于战场的宽阔和战线的绵长，致使法军不断拉长战线，分散兵力，用于作战的部队越来越少。而俄国则充分利用被拿破仑入侵所激怒的广大人民的爱国情绪和优越的地理条件；俄军不顾一切地退却，使得拿破仑无法找到俄军主力而一举歼灭之；俄军在荒漠而广阔无际的平原上大踏步地后退，使得拿破仑无从突然进击，其骑兵尚未找到敌人动向就已筋疲力尽。并且，在这个离开法国几千公里的荒芜、贫穷、辽阔且充满敌意的大国进行战争，也使得以往拿破仑式的战略难以发挥作用。拿破仑在有山有河的意大利战场上运用自如的军事指挥才能，在荒凉无际的平原上已无法施展了；拿破仑擅长以精锐部队进行侧背迂回攻击，切断敌军交通线或退路，进而捕捉战机围歼敌军的战法，在这里未得到成功运用；拿破仑在乌尔姆、奥斯特利茨、耶拿等战役中所采用的具有很大优越性的强行军，在这里也失去了意义；拿破仑原本喜欢采用的"以战养战"的原则在这里也不适用了。

随着拿破仑入侵时间的延长，法军的兵力越来越分散，士气越来越低落，体力消耗越来越大，给养和宿营越来越困难，前进的速度也越来越慢。据统计，1812年6月，拿破仑入侵俄国渡过涅曼河时，约四十四万人，而后陆续调来增援的约十七万人，但同年12月生还回渡涅曼河的却不足三万人。也就是说，除少数生还，约十万人被俘外，其余大都战死、病死、冻死或饿死了。

相反，俄军则通过这种战略退却，大量消耗法军的有生力量，赢得了时间，集结和补充了后备兵力，筹备了军用物资，选定了战场，并在双方力量对比发生根本改变后实施坚决反攻和追击，机动合围退却之敌。如博罗季诺会战时，法军前线的作战实力只有十三万多人，火炮五百八十多门；而俄军则集结了约十二万人，火炮六百四十门，双方实力对比已大致接近。在莫斯科之战时，俄军已有十二万人的军队，超过法军一倍的火炮和两倍多的骑兵。于是，法军败退，俄军追击，胜败易势。

迅速而猛烈地转入进攻是防御最光彩的部分

克劳塞维茨认为，进攻和防御不仅相互作用、相互包含，而且可以相互转化。他写道："在现实中，进攻活动，也就是进攻的企图和措施，常常不知不觉地以防御为其终点，正如防御计划以进攻为其终点一样","如果说成功的防御可以不知不觉地转为进攻，那么进攻也可以不知不觉地转为防御"。

然而，克劳塞维茨对进攻转入防御和防御转入进攻持有不同的态度。他把进攻向防御的转化看作一种不得已的下策。在他看来，在战争中，没有还击的防御是根本不可设想的，还击是防御的一个组成部分。而进攻则与此不同。进攻行动本身是一个完整的概念，它本身并不需要防御，只是由于时间和空间的限制，才不得不把防御作为一种不得已的下策加以采用。他还认为，进攻应当完全是始终如一的，而不应像防御那样分成几种方式。虽然进攻在威力、速度和力量方面存在着很大差别，但这种差别只是程度上的不同，而不是方式上的不同。

因此，尽管战争中的进攻行动，特别是战略上的进攻行动，是进攻与防御的不断交替和结合。但是，不能把进攻行动中的防御看作进攻的有效准备和加强，"即不能把它看作一种有效因素，而只能看作一种不得已的下策，是一种妨碍前进的阻力，是进攻的原罪，是进攻的致命伤"。所以说进攻中的防御是一种阻力，这种防御非但不能对进攻产生有利的影响，反倒会削弱进攻的结果。

实际上，构成战略防御的优越性的原因之一恰恰就在于，进攻本身不能不掺杂一种非常无力的防御。进攻从这种防御中所得到的是防御中最有害的因素，而整个防御所具有的那种优越性，则不适用于这种进攻中的防御。也正是在进攻中产生无力防御的时刻，防御中的进攻因素便积极地发生作用了。

据此应看到，尽管任何进攻都不得不以防御告终，但这是什么样的防御，则取决于具体情况。如果敌人的军队已被消灭，情况可能很有利；而如果敌人的军队还未被消灭，情况就可能很困难。因此，"每次进攻时，都必须考虑在进攻中必然会出现的防御，以便能够看清进攻中的缺点，并对此有所准备"。

与上述进攻中的防御因素对进攻是有害无益的看法不同，克劳塞维茨把防御中的进攻因素看作有益于防御的。他认为，防御转化为进攻，"以防御开始而以进攻结束，是战争的自然过程"。为了进一步论证由防御转入进攻的必然性，克劳塞维茨提出，应该把打垮敌人看作防御的本来目标。并认为，能够确定以彻底打垮敌人为目标的人，是不会轻易采取仅以保持已占有的东西为直接目标的防御的。

他还一再强调指出："任何一次防御，一旦用尽了防御的利益，就应根据自己的力量转入进攻。"就是说，"当防御者取得显著优势时，防御就已完成了它的使命，如果防御者不自甘灭亡，他就必须利用这一优势进行反攻"。"应该把转入反攻看作防御发展的必然趋势，是防御的一个基本组成部分；不论在什么场合，如果通过防御形式所取得的胜利在军事上不以某种方式加以利用，而听任它像花朵一样枯萎凋谢了，那就是重大的错误。"

谁要是在防御时不考虑或者根本不把转入进攻或反攻看作防御的一部分，他就永远不会理解防御的优越性。克劳塞维茨也正是在此基础上，提出了"迅速而猛烈地转入进攻（这是闪闪发光的复仇利剑）是防御的最光彩的部分"的光辉论断。拿破仑也曾说过："整个战争的艺术，就是先做合理周密的防御，然后再进行快速、大胆的进攻。"又说："防御战并不排斥攻击，攻击战亦不排斥防御。"并认为："从守势战转入攻势战，是一种最微妙的作战动作。"

如1809年4月在埃格米尔战役中，奥军主力约六万六千人，在雷根斯堡地区向法军发动了猛烈的攻击。拿破仑先令达乌率领的居于劣势的法军及巴伐利亚盟军，借助森林密布的大拉贝河谷地形进行防御，并适时进行有效的反击，挡住并部分击退了奥军的进攻。继而，拿破仑则亲率四万人的军队赶到埃格米尔，向奥军左翼发动猛攻，在达乌军同时发起反击的配合下，取得大败奥军的胜利。

并且，拿破仑认为，采取进攻必须十分谨慎，要充分估计具体情况和敌我双方的兵力和火力，绝不应该不分青红皂白地莽撞蛮干。他说，在战争中，要多估计，否则将一无所获。我总是作最坏的估计，并习惯采取多种防患措施。只有拟订出一个深思熟虑的计划，才有可能在战争中成功。

英国军事理论家富勒还这样评价曾在滑铁卢打败拿破仑的英国统帅威灵顿："虽然他是防御性战争的能手，但是当条件有利时，他也一样会大胆进取，敢冒极大的危险……条件需要慎重时，他能够慎重；但条件改变了，他也能够像雷霆一样地打击。""他的大战术是属于所谓'防御攻势'的范畴；那就是说，他总是先鼓励敌人进攻，而等到敌军在混乱之中，再依赖其枪烟的掩蔽，而开始发动反攻。"

另外，克劳塞维茨也曾提出了由防御转入反攻的条件性。他说："应该怎样以及在何时何地开始反攻，当然要根据许多其他条件来决定。"如果一个明显处于不利地位的防御者，仍然要发动决战的话，只能看作一种绝望的挣扎。而只有当敌人进攻的力量已经枯竭时，转守为攻才具有十分巨大的力量。

适时地把握进攻的顶点

克劳塞维茨并没有因为蔑视进攻中的防御，而对进攻转入防御的时机问题采取不屑一顾的态度。而是认为，虽然进攻中的防御是被迫的，但又是必须的，并由此提出了不能超越"进攻的顶点"的思想。所谓"进攻的顶点"，指的是适时停止进攻的时刻。即是说，"大多数战略进攻只能进行到它的力量还足以进行防御以等待媾和的那个时刻为止。超过这一时刻就会发生剧变，就会遭到还击，这种还击的力量通常比进攻者的进攻力量大得多"。

克劳塞维茨认为："进攻中取得的胜利是已存在的优势的结果，正确地说是由物质力量和精神力量共同造成的优势的结果。"在进攻过程中，这种优势可能会逐渐增长。但在多数情况下，这种优势往往总是逐渐减弱的。因为占领区的扩大、交通线的延长、远离补给来源地、战斗伤亡和疾病减员的增多等，都会削弱进攻的力量。所以，进攻者必须注意时机，量力而行，适可而止，不要采取力所不及的行动，不要贪求非分的利益，不要超过"进攻的顶点"。也就是说，当进攻者发现自己的力量已经大为削弱，但又无法弥补，余下的力量还足以进行有力的防御，而防御者的反攻力量尚未形成时，就应当机立断，立即转入防御。否则，若错过这个时机，就必然会超过"进攻的顶点"，陷入不利的境地，招致损失甚至失败。

他指出，在拟订战局计划时，正确地确定"进攻的顶点"尤其重要。"不论对进攻者来说（这可以使他不至于采取力所不及的行动，或者说不背债务），还是对防御者来说（这可以使他认识和利用进攻者超过顶点时发生的不利）都是如此。"

当然，要适时地把握"进攻的顶点"，又并非一件易事。由于在很多场合受多种因素的限制，难以确定交战双方究竟谁占优势，并且，也难以弄清停止进攻或继续进攻的原因。因而，进攻者往往"会在运动的洪流中不知不觉地超出均势的界限，超过进攻的顶点。甚至可能发生这样的情况：进攻者在进攻所特有的精神力量的支持下，虽然已经精疲力竭，可是他却像拉着沉重的东西上山的马一样，会感到继续前进比停下来的困难还要少些"。其实，进攻者在此时停下和转入防御，还是可以保持均势的。

　　克劳塞维茨还认为，战争中千百条引向各个方向的歧路难免会使人的判断发生错误。即便大量的、错综复杂的、牵涉到很多方面的问题没有左右统帅，危险和责任也会使他举棋不定。所以，在通常情况下，多数统帅宁愿在远离目标的地方停下来，也不愿离目标太近；而有些具有出色勇敢和高度进取精神的统帅则往往容易超过目标，因而达不到目的。只有那些用少量的手段创建大事业的杰出统帅才能适时判断进攻的顶点，从而顺利地达到目的。

　　那么，怎样才能依靠迅速而准确的判断来发现进攻的顶点呢？克劳塞维茨认为，对统帅来说，要做到这一点，必须不被各种表面的现象所迷惑，不因一时的胜利而冲昏头脑，而应力求全面考虑时刻都在不断变化的各种情况。也就是说，"要推测敌人的军队经我第一次打击后，是表现为一个比较坚固的核心，一个越来越紧密团结的力量，还是像一个博洛尼亚瓶一样只要伤及其表面，立刻就会粉碎；要推测敌人战区内一些补给来源地被封锁和一些交通线被击断会引起敌人多大的削弱和瘫痪；要推测敌人在遭到沉重打击后会一蹶不振，还是会像一只受了伤的公牛那样狂怒起来；要推测其他国家是恐惧还是愤怒，是否有些以及有哪些政治结合关系会解体或建立起来。"

总之，"统帅应该像射手击中目标一样，利用他迅速而正确的判断猜中所有这一切和其他许多情况"，以便及时定下停止进攻的决心，适时转入防御。

防御是一种较强的作战形式

在军事思想史上，多数的军事理论家一般都看重进攻，他们写进攻战往往多于写防御战。与此不同，克劳塞维茨从他亲身参加的战争实践中，看到并体验到了防御的长处，因而特别重视防御。他不仅在《战争论》的"进攻"篇之前写了"防御"篇，而且用比进攻多几倍的篇幅，详尽地阐释了他的积极防御思想。这在以往的军事理论著作中是不多见的。"防御是比进攻强的一种作战形式"，是克劳塞维茨在攻防地位问题上，提出的一个与众不同的观点。他的看法是，防御的目的是据守，进攻的目的是占领或夺取，而在一般情况下，据守往往比夺取容易，由此就可以得出一个结论："假定使用的是同一支军队，进行防御就比进行进攻容易。"

那么，为什么说防御要比进攻容易呢？克劳塞维茨回答说，这是因为防御这种作战形式有许多为进攻所不具备的有利因素和优越条件。从他的有关论述看，主要有以下一些方面。

其一，赢得时间。他指出，防御者"首先应该把赢得时间看作一种重大的利益"，"因为进攻者没有利用的时间防御者都可以利用"。

其二，待敌之利。防御者往往具有不断增长的等待的利益，因而可以坐得其利。即使进攻者没有由于前进而被削弱到不能在必要的地点发起进攻的地步，然而，种种因素也会影响到进攻者的决心。简言之，"凡是进攻者由于估计错误、恐惧或迟钝而没有利用的时机，都是对防御者有利的"。

其三，地形之利。"防御的最重要的利益之一就是可以享受地利"。地利有助于取得胜利是十分明显的。在战争中，进攻者往往必须在大小道路上行进，因而总是不难被侦察出来。而防御者则可以得出并充分利用地形，它可以在选好的地形上，隐蔽地配置军队并熟悉地形，可以使进攻者在决定性的时刻以前，几乎无法发现它；防御者可以利用熟悉地形这一客观条件，使指挥一般地占有优势；防御者在熟悉的地形中，能够比进攻者更好地隐蔽自己的各种措施，从而能够比进攻者更好地运用出敌不意的手段；防御者可以把地形作为一种辅助力量，在一定程度上加强自己的兵力；防御者可以利用有利的地形障碍和坚固的工事，抗击兵力优势很大的敌人；等等。

其四，民众支持。"民众武装或民军是一种独特的防御手段"。在大多数场合，防御往往都能得到民众的支持。在这里，克劳塞维茨还提出了后备军的概念，并认为后备军的含义就是，全体民众以他们的体力、财力和精神，在战争中不同于一般地、或多或少地、志愿地协助作战。这种后备军用于防御总比用于进攻更为适宜，后备军作用的效果主要再现于防御中。

其五，同盟者。克劳塞维茨把同盟者称为防御者的"最后支柱"。在他看来，这里所说的同盟者，并非是指进攻者，也有别于一般的同盟者，而主要是指同某个国家的存亡有着切身利害关系的那些同盟国。并认为，防御者一般比进攻者更能得到外国的援助。

此外，克劳塞维茨还提出了一些有利于防御的条件。例如，战区的有利作用。防御者在自己的战区内，不会受到什么削弱，它可以保持着同各方面的联系。即是说，他们可以利用自己的要塞，而且离自己的人员补充和物质补给基地较近。又如，给养充裕。在防御中，防御者可以不断利用事先为军队准备好的各种给养，因此不会缺乏给养，在自己的国土上这点特别明显，在敌人的国土上也是如此。再如，捕捉战机。由于进攻者往往不得不分割兵力前进，因而这有利于防御者以自己的全部兵力打击敌军的一部分。

克劳塞维茨在反复论述防御的优点的同时，也提到了进攻的优点。

一是便于机动。他说："虽然防御者和进攻者都可以采用机动，但是，机动总是更多地具有进攻的性质，而不是具有防御的性质。"就是说，作战时，由于进攻者在决定使用兵力，选择进攻的时间、地点、方向等方面具有较大的自主权，因而往往能够主动地去争取较敌有利的态势；相反，由于防御者在战斗的空间和行动的自由方面，通常要比进攻者受到更多的限制，因而往往不便机动并具有相对的被动性。

二是利于判断。进攻者较之防御者有一个很大的有利条件就是："进攻者比防御者能更好地根据对方的意图和能力来判断对方。"在一般情况下，预见进攻者有多大的进取精神和胆量，往往要比预见防御者是否采取重大行动的企图要困难得多。

三是出敌不意。克劳塞维茨指出："进攻战的最重要的原则之一就是出敌不意。""一般说，进攻的唯一优点几乎只在于揭开战争序幕的出敌不意。突然性和不断前进是进攻的最有利的两个翅膀，尤其在以打垮敌人为目标的进攻中，它们更是不可缺少的。"当然，如果没有一定的条件，奇袭和出敌不意也是无法实现的。

如上所述，克劳塞维茨不仅认为防御有许多为进攻所不具备的优点，而进攻也有某些为防御所不具备的优点，但前者似乎更优于后者。而且还认为，即便是进攻与防御所共同具有的一些优点，似乎也更有利于防御者。

不过，又应看到，防御具有消极的目的——据守，而进攻则具有积极的目的——占领，占领可以增强自己的作战手段，而据守却不能。所以，为了表达得确切，结论应该是："防御这种作战形式就其本身来说比进攻这种作战形式强。"也就是说，作战目的并不等于作战的形式本身，必须要把二者区别开来。上述讲的防御比进攻容易，主要是就攻防作战的形式而言，若联系攻防各自目的比较攻防两种作战形式的地位的话，确切的表达应是：进攻是一种具有积极目的的较弱的作战形式，而防御则是具有消极目的的较强的作战形式。

克劳塞维茨还认为，在战争中采取哪种作战形式，主要取决于作战双方各自追求的目的和为了达到目的所具有的力量。如果追求的是较高的积极的目的，并且又有足够强大的力量时，就应采取进攻这种较弱的作战形式；如果追求的是较低的消极的目的，并且力量较弱小时，就应采取防御这种较强的作战形式。也就是说，在他看来，防御虽然是较强的作战形式，但只具有消极的目的；进攻虽是较弱的作战形式，但仅具有积极的目的，因此力量弱小的军队才能在运用防御时增强力量，并从中获得利益。

总而言之，由于克劳塞维茨注意运用辩证法对攻防问题进行多方面的探讨，因而他在理论形态上基本阐明了进攻与防御的关系问题，尤其在否定形而上学的攻防观方面，不乏一些闪光的思想。但他在论述攻防关系问题时，也有不少概念推演的东西，致使其中一些原本是全面的东西被片面化了。

十、战略上最重要而又最简单的准则是集中兵力

集中兵力的原则，是古今中外一切高明的军事家和军事理论家都十分强调的军事通则。在东方，此类论述层出不穷。中国的孙武，远在春秋末期，就曾明确论述道："形人而我无形，则我专而敌分；我专为一，敌分为十，是以十攻其一也。则我众而敌寡，能以众击寡者，则吾之所与战者约矣。吾所与战之地不可知，不可知，则敌所备者多；敌所备者多，则吾所与战者寡矣。"

在西方，古希腊的统帅埃帕米农达第一个创立了集中兵力的战斗原则：不要沿正面投入一部分兵力，而把兵力集中在决定性的地段进行主攻。继后，奥地利的卡尔大公、普鲁士的比洛、法国的拿破仑、俄国的苏沃洛夫等许多军事家和军事理论家都对此作了进一步的完善和发展。克劳塞维茨同战争史上许多著名军事家一样，高度重视集中兵力的原则，并且，还结合战争史上有关方面的经验，从理论上作了自己独特的论述。

数量上的优势是最普遍的制胜因素

克劳塞维茨明确指出："数量上的优势不论在战术上还是在战略上都是最普遍的制胜因素。"他还对数量上的优势作了绝对优势和相对优势的区分，并首先论述了数量上的绝对优势，亦即"进行战争的绝对兵力的问题"。所谓数量上的绝对优势，

就是"把尽量多的兵力投入战争"。

他通过对欧洲战争的简要考察认为，在当时的欧洲，各国武器、装备、组织、编制十分相似，只是军队的武德和统帅的才能稍有差别。在这种情况下，即使最有才能的统帅，也很难战胜拥有一倍优势兵力的敌军。并进而指出："如果我们看到，一倍优势的兵力在天平上竟有比最伟大的统帅还重的重量，那么我们就不应当怀疑，在一般条件下进行的大小战斗中，不论其他方面的条件如何不利，只要有显著的数量上的优势，而且无须超过一倍，就足以取得胜利了。"因此，进行战争的"首要的规则应该是把尽量多的军队投入战场"，"以便自己在兵力上占优势，至少不让敌人在兵力上占优势"。

对此，克劳塞维茨还指出："如果我们不抱偏见地研究现代战史，那就必须承认，数量上的优势越来越起着决定性的作用。因此，在决定性战斗中尽可能多地集中兵力这个原则，在现在必须提到比过去更高的地位。"尤其是交战双方在科学水平、武器装备和训练等各方面越是处于均势，兵力的对比就越起决定性的作用。同样，在一次会战中，如果交战双方缓慢而有步骤地进行较量，那么，兵力多的一方获得胜利的把握，往往要大得多。

克劳塞维茨在总结这方面的作战经验时，特别提到了拿破仑。他说："拿破仑这位现代最伟大的统帅，除了1813年的德累斯顿会战以外，在历次胜利的主力会战中，总是巧妙地集中了优势兵力，或者至少集中的兵力不比敌人少很多。每当作不到这一点时，如在莱比锡、布里昂、郎城和滑铁卢会战中，他就失败了。"从某种意义上说，集中兵力堪称拿破仑军事指挥艺术的核心。以至拿破仑曾把战争艺术仅仅归纳为"集中大于敌人的优势兵力"这样一条原则，并用"多兵之旅必获胜"的名言加以表达。

拿破仑认为，历史上许多杰出的将领如亚历山大、汉尼拔、恺撒等人，所遵循的作战规则就是，保持兵力集中。并一再强调："战争中的第一原则，就是要求所有的部队在战场上集中好了之后才进行会战。""军队必须集结，而且必须把最大可能的兵力集中在战场之上。"他在 1806 年 8 月 8 日给那不勒斯国王的信中写道："部署兵力的艺术也是进行战争的艺术，应该采用这样的方法部署你的兵力：即不管敌人采取什么行动，你都应能在几天之内把你的兵力集中在一起。"他还在同年 2月 14 日给其哥哥约瑟夫的信中写道："你的军队太分散了，应该采取的行动是，使兵力能在一天之内集中在战场上。"

拿破仑还认为，一个指挥官决心进行会战，就要迅速集结部队，不可有所忽视。有时仅只一个营的兵力，也会成为胜败的关键。因为一滴水足以使瓶中的水溢出来，所以在会战中，一旦"决定性的时机到来了，精神的火花点燃了，一支很小的预备队即足以解决一切"。

要在主要方向和决定性地点集中兵力

克劳塞维茨认为，在兵力集中问题上，"即使不能取得绝对优势，也要巧妙地使用军队，以便在决定性地点造成相对优势"。他说："最好的战略是首先在总兵力方面，然后在决定性的地点上始终保持十分强大的力量。"也就是说，应在决定性地点和时机最大限度地集中优势兵力，以造成相对的优势。

克劳塞维茨还进一步把兵力集中概括为"空间上的兵力集中"和"时间上的兵力集中"。所谓空间上的兵力集中，就是在主要方向和决定性地点上，巧妙地集中尽可能多的优势兵力。

拿破仑也曾论及这个问题，他认为，所谓军事指挥艺术，"就在于当自己的兵力数量实际上居于劣势时，反而能在战场上化劣势为优势"。在他一生指挥的几十次会战中，当在战场作战的兵力处于劣势的情况下，总是设法依靠在战场的某一点形成的局部优势达到以寡击众、以少胜多的目的。

如在1796年11月的阿科莱战役中，阿尔温奇元帅率领的奥军拥有四万多人，而拿破仑统率的法军仅二万八千五百人。阿尔温奇仗着数量上的优势，接连几次取得击退法军的胜利。面对优势的敌人，拿破仑采取逐步收缩部队的办法，有计划地进行适当的后退，巧妙地调动部队，选取有利阵地，终于在阿尔莱地区集中了对付敌军主力的进击的兵力。经过三天血战，拿破仑仅以伤亡四千五百人的代价，击败了奥军六千余人，并粉碎了阿尔温奇为曼图亚要塞解围的企图。

据说，督政府成员戈伊埃有一次赞许上述战争时对拿破仑说：你经常只有少量兵力即击溃了强大的敌人。拿破仑不同意这个说法，纠正说："我的兵力总数虽然比别人少，但在战场上的每一次具体进攻中，却要比敌人强大，因为我总是在局部地点坚决集中优势的兵力，采取闪电般的速度，去攻击分散的敌军，并力图把他们消灭。"

对此，马克思和恩格斯在分析拿破仑的作战特点时曾概括指出："拿破仑的秘诀在于集中，而他的继承者的秘诀却在于分散。当拿破仑看到自己不得不在两个不同的战场上作战时，例如在对奥地利的战争中，他就立即把自己的最大部分兵力集中在有决定意义的作战线上……而把较少的兵力留在次要的战场上……因为他相信，即使他的军队在次要战场上打了败仗，他自己在主要战线上的胜利，也能比任何直接的抵抗更可靠地阻挡敌军的前进。"

克劳塞维茨指出，在决定性地点上集中优势兵力"是十分重要的，即使在一般情况下，无疑也是一个最重要的条件"。他坚决反对平分兵力的做法。指出："要取得相对优势，也就是在决定性地点上巧妙地集中优势兵力，就往往必须准确地选定决定性地点并使自己的军队一开始就有正确的方向，就必须有决心为了主要的东西（为了大量集中自己的兵力）不惜牺牲次要的东西。"也就是说，为了在主要地点上尽可能多地集中兵力，必须宁肯在其他地点上忍受不利。因为舍不得次要的，也就得不到主要的；只有在次要的地点作某些必要的牺牲，才能保证在主要地点上更有把握地获得胜利。而主要地点上的胜利，又必将会消除次要地点上的一切不利。

克劳塞维茨还认为，应善于通过出敌不意在决定性地点上造成相对的优势。即是说，为在决定性的地点上最大限度地集中兵力，以造成相对的优势，必须力求做到出敌不意，使敌人既没有时间把同样多的兵力调到这个地点上来，也无法准备报复。

要在关键和有决定意义的时机集中兵力

克劳塞维茨在阐述空间上集中兵力的同时，还论及了时间上的兵力集中。所谓时间上的兵力集中，就是在关键的、有决定意义的时机，同时集中使用全部兵力。

克劳塞维茨论述这个问题的前提条件是，战争表现为方向相反的两个力量的碰撞，其中较强的一方不但可以抵消对方的力量，而且还可以迫使对方做反方向的运动。在这种情况下，一次打击力越大越好。他概括道："一切用于某一战略目的的现有兵力应该同时使用，而且越是把一切兵力集中用于一切行动和一个时刻就越好。"他的这一思想旨在说明，时间要素对于战斗力的发挥具有重要的影响和制约作用。即是说，若能在决定的时机，同时使用战斗力，就可以增大打击力，使战斗力得到最充分的发挥；反之，若在同一时间里不适当地逐次使用兵力，就等于延长战斗的时间，导致战斗力的下降。

拿破仑就通过迅速而巧妙地调动自己的部队，在必要的时间和必要的地点集中比敌人在同一时间和同一地点相对优势的兵力而取胜。他有一句名言："行军就是战争。"并认为，军队数量的不足可以用进军的速度来弥补。

恩格斯很赞同上述有关行军的速度可以弥补军队的不足的观点，并指出："运动性不仅是军队众多性的必要的补充，而且甚至常常可以代替后者（如 1796 年拿破仑的皮埃蒙特之战）。"他还认为："耶拿会战可以作为这种机动的具有历史意义的卓越范例。拿破仑以其主力突然猛扑普军左翼，八小时内就打乱了普军的队伍，切断了它退却的道路，并消灭了它，从此这支普军不再存在了。"

又如，在 1800 年的马伦戈之战中，奥军统帅梅拉斯在萨沃纳附近将法军马塞纳部压缩在热那亚要塞内，并企图西进法国南部。拿破仑则亲率一支约四万人的队伍，从瑞士翻越了阿尔卑斯山上著名的"天险"——大圣伯纳德山口，突然出现在奥军的后方，并迅速占领了米兰等要地。当时，梅拉斯率领约八万人的强大部队仍驻防在亚历山大里亚西南一线，完全没有料到拿破仑竟敢选择一条险峻的山道来进军。直到获悉已经占领米兰的消息后，才匆忙带兵北上迎战法军。在此战役中，拿破仑通过迅速的机动达到了出奇制胜的效果。

再如，在 1805 年奥斯特利茨之战中，俄奥联军拥有八万七千余人的兵力，而法军只有七万三千余人，拿破仑在总兵力上居于劣势。但在最后决战时，拿破仑只以一万余人阻击并牵制联军主力四万人，而在普拉岑方向等决定性的地段上，则集中主力六万余人对付联军的四万人，巧妙地形成了战场上的局部兵力优势，取得了此战役的决定性胜利。

总而言之，克劳塞维茨阐明："数量上的优势应该看作基本原则，不论在什么地方都是应该首先和尽量争取的。""战略上最重要而又简单的准则是集中兵力。""我们要严格遵守这一准则，并把它看作一种可靠的行动指南。"

当然，克劳塞维茨又并未把数量优势作为唯一的制胜因素。他阐述道："在一次战斗中数量上的优势只是制胜因素之一，有了数量上的优势还远远算不上赢得了一切，也远远算不上获得了主要的东西，而且由于其他同时起作用的条件的变化，获得的东西还可能是十分少的。"又说："如果因此就认为数量上的优势是取得胜利所不可缺少的条件，那就完全误解了我们的论述。我们只是想在结论中指出军队的数量在战斗中的重要性。只要能最大限度地集中兵力，那就完全符合这个原则了。"

克劳塞维茨坚决反对把集中兵力绝对化的倾向，主张应根据具体情况适度地运用这一原则。他指出："一方面，最大限度地集中兵力能使自己的打击强而有力；另一方面，必须把任何过分的集中都看作一种实际的不利而加以防止，因为过分集中兵力会造成兵力的浪费，而兵力的浪费又会使其他地点上的兵力不足。"

应该永远打击敌人的重心

仅仅最大限度地集中兵力，构成数量上的相对优势，还不等于有了现实的胜利。为此，克劳塞维茨认为，在此前提下，还必须进一步找到敌人抵抗的重心。

"重心"一词，是克劳塞维茨从力学借用来的概念。在力学中，一个物体各部分所受的重力会产生合力，而这个合力的作用点就是这个物体的重心。

他写道："如果说，物体的重心总是位于质量聚集最多的地方，指向物体重心的打击是最有效的，而最强烈的打击又总是由力量的重心发出的，那么，在战争中情况也是如此。"

按照他的解释，战争领域的所谓重心，是指为整体所依赖的"力量和运动的中心"，亦即敌人整体所依赖的核心、要害、关键和具有决定意义的部位及方面。他认为，重心是多种多样的，不同的情况或不同的敌人往往会有不同的重心。不过，"小的总是取决于大的，不重要的总是取决于重要的，偶然的总是取决于本质的"。

必须善于遵循这一原则具体分析和考察重心。例如，亚历山大、古斯塔夫·阿道夫、查理十二和弗里德里希二世等著名统帅的重心，就是他们的军队，假如他们的军队被粉碎了，那么他们也就完了。那些被国内的派别弄得四分五裂的国家的重心，大多是首都。那些依赖于强国的小国的重心，通常是同盟国的军队。在同盟中，重心是共同的利益。在民众武装中，重心是主要领导人和民众的情绪，等等。

克劳塞维茨在具体分析了不同的重心后强调指出，所有力量的集中打击，都必须指向敌人整体所依赖的重心，打击必须针对这些因素。即是说，"应该永远打击敌人的重心，而不是以整体打击敌人的部分"。这是因为，如果仅"以优势的兵力平平稳稳地占领敌人的一个地区，只求比较可靠地占领这个小地区而不去争取巨大的成果，是不能打垮敌人的，只有不断寻找敌人力量的核心，向它投入全部力量，以求获得全胜，才能真正打垮敌人"。他还认为，如果敌人由于重心受到打击而失去平衡，那么，作为胜利者不应让对方有喘息的时间重新恢复平衡，而应穷追不舍，一直沿着这个方向继续打击，直到通过粉碎敌人集中在重心上的抵抗力而彻底打垮敌人。

那么，应该如何打击敌人的重心呢？克劳塞维茨提出了两条必须遵循的原则：首先，不管所要打击的敌人的重心是什么，"战胜和粉碎敌人军队始终都是最可靠的第一步，并且在任何情况下都是极为重要的"。

克劳塞维茨从打垮敌人的角度阐述这个原则。他认为，打垮敌人主要可以采取的办法有：如果敌人的军队在某种程度上是起主要作用的力量，就粉碎这支军队；如果敌人的首都不仅是其国家权力的中心，而且也是其各个政治团体和党派的所在地，就占领敌人的首都；如果敌人的最主要的盟国比敌人还强大，就有效地打击这个盟国。

然而，"不管打垮敌人在具体情况下最后取决于什么，在开始时总是消灭敌人的军队，也就是说，对敌人的军队取得一个巨大的胜利，并且粉碎敌人的军队"。克劳塞维茨还指出："胜利的影响范围自然取决于胜利的大小，而胜利的大小则取决于被战败的军队的多少。对敌人集中兵力最多的那部分国土的打击成功时影响的范围最广；我们用于这一打击的兵力越多，就越有把握取得成功。"

其次，为了尽可能集中地行动，应尽量"把敌人的力量归结为尽可能少的几个重心，如果可能，归结为一个重心；同时，把对这些重心的打击归结为尽可能少的几次主要行动，如果可能，归结为一次主要行动；最后，把所有的次要行动尽可能保持在从属的地位上。"

值得注意的是，克劳塞维茨已经有意识地把集中兵力与分散兵力结合起来加以考察。他提出："集中兵力和分散兵力是两种相反的倾向，军队倾向于这一方面和那一方面的程度取决于军队的性质适应于这一方面和那一方面的程度。但是，在最紧要的关头，适于集中的军队不能始终集中在一起，适于分散的军队也不能单靠分散活动取得成果。"

同时，他并不绝对排斥分散兵力。如他在论述机动问题时说过："兵力较强的一方可以把兵力分散在若干地点，这样做可以在战略范围造成便于自己生存和行动的条件，同时还可以保全自己部队的力量。兵力较弱的一方则必须更多地集中兵力，力求通过运动来弥补由此产生的缺陷。"在这里，克劳塞维茨虽然承认分散兵力的合理性，但又特别强调分散兵力的条件性，这无疑是正确的。

第 4 章

西方军事学的奠基之作

　　克劳塞维茨的《战争论》是军事思想史上第一部自觉运用辩证法系统总结战争经验的跨时代的军事学的奠基作，它不仅奠定了西方军事学的基础，而且也是马克思主义军事科学的重要理论来源之一，在军事思想发展史上占有很重要的地位。

一、举世公认的战争理论名著

　　克劳塞维茨战争学说对战争本质等问题的重要见解，及其所揭示的研究和指导战争的方法论原则，总结了当时战争发展的新经验，在很大程度上促进了战争理论的发展。

　　克劳塞维茨的《战争论》探索战争奥秘的深度，是其死后近二百年来，任何一个军事理论家都从未达到过的，因而受到各国军事界的重视。尤其是西方军事理论界，受克劳塞维茨战争学说的影响极深，有不少军事家及知名学者都曾对此作过探讨和评价。

　　在克劳塞维茨的故乡德国，从毛奇、施利芬、鲁登道夫到

145

希特勒，都把克劳塞维茨看作他们的"开山祖师"，对《战争论》推崇备至。

曾任德军总参谋长的施利芬在《战争论》第五版导言中写到，克劳塞维茨的战争学说，"实际上无论从形式上还是内容上看，都是有史以来有关战争的论述中最高超的见解"。从根本上说，我们的指挥官所表现出来的优势，"完全渊源于《战争论》这部作品，通过它造就了整整一代杰出的军队"。

德国的战史大师罗辛斯基评价说："到目前为止，战争论为世所仅见的，最深入、最渊博、最有系统的战争研究。"

曾任德国军事政策与军事科学协会主席的弗里德里希·冯·科亨豪森，在1935年出版的《战争论》缩印本的前言中评论到，人们曾自豪地称克劳塞维茨为伟大的军事哲学家，然而却不想了解他的"哲学"——他的著作的理论核心，实际等于没有把握住他的思想的伟大之处。这部著作的不朽性恰恰在于它的真正哲学的态度，在于其真正科学的形式。

民主德国的 B. 罗托和 A. 狄尔伯在《黑格尔和克劳塞维茨论战争本质》一文中认为，黑格尔从社会状况出发对战争作了思辨的解释，与之相反，克劳塞维茨则转向对战争的实际考察并探讨它在军事科学中的反映，因而尽管他们都把战争看作一种从社会的整体中产生出来的合乎规律的现象，但在战争的本质和战争与政治关系的研究上，克劳塞维茨的观点更接近于唯物主义的战争论。

联邦德国教授维尔纳·哈尔韦格在《克劳塞维茨今昔观》一文中写道："1945年以来，世界社会经济、内部和外部政治的发展表明，克劳塞维茨在东方和西方以及第三世界正愈来愈受到注意。1952年，克劳塞维茨研究家卡尔·森内巴赫说得好：克劳塞维茨像过去一样，'在一切主要方面都没有过时'；《战争论》一书，'即使在今天，对于国家活动家和统帅，对于政治家和军人，对于每一个想知道什么是最重要的、想独立作出判断的人，都是必不可少的'。"

在美国，《近代军事思想》一书的作者罗斯费尔斯写道："克劳塞维茨的军事著作，尤其是他所著的《战争论》一书，在军事思想史中占有特殊的地位。这本书常被人尊之为'经典'名著，可是似乎为人断章取义而加以引用的机会较多，而实际加以研究者却较少。虽然其书中有一大部分——尤其是讨论战术的部分——由于时代的推移，其价值是已经减低了，可是在战争的研究中，能够真正把握到其主题的根本，该书却要算是第一本；而它也是第一本真正能够演化出来一套思想的典型，使其对于军事历史和实践的每一阶段都能适应。"

美国核战略理论家伯纳德·布罗迪认为，克劳塞维茨的著作在那些非常珍贵的早期著作中是杰出的。对于研究战争（无论是现在的、未来的，还是过去的战争）的学者来说，克劳塞维茨的理论是无法用别的东西代替的。

《美国军事学说》的作者达尔·奥·斯密斯将军写道："克劳塞维茨理论虽然不是产生在美国，但是这种理论对美国的作战方法和政策都具有重要影响。现在，在一切文明国家的军队里，都有支持克劳塞维茨学说的人。"

美国国防大学战略研究所所长约翰·柯林斯认为，克劳塞维茨和若米尼都是战略理论最重要的阐述者，他们在研究战争方面作出了类似亚当·斯密在经济学研究方面所作的贡献。他还通过比较克劳塞维茨和若米尼的战略理论指出，克劳塞维茨从完全不同的角度来研究战略，若米尼力求构造出赢得战斗的理论体系，而克劳塞维茨则注意战争的基本性质。"他出乎本人意料之外地成功了，给后世战略家留下不可磨灭的印象。甚至在今天，凡是第一次阅读他的不朽著作《战争论》的人，都会对该书所涉及的广度和多样性有深刻的印象。这部理论巨著至今仍被认为是在已出版的有关战略的著作中最能引起争论和最有影响的……其大部分内容都可成功地应用于解决现代问题。"

美国20世纪80年代出版的《大不列颠百科全书》中"战争指导"的条目提出，克劳塞维茨是第一位伟大的战略学家，是现代战略研究的鼻祖。他的不朽著作《战争论》不愧为全面研究军事学术的最佳理论著作，在某种程度上讲，他的著作就是战略学的"圣经"。

曾在美国海军军事学院负责讲授克劳塞维茨著作的辛普森认为，克劳塞维茨的《战争论》尽管篇幅很大，内容庞杂，文字晦涩而且有些强加于人，但"仍不失为世界上论述战争现象的一本最透彻、最全面的著作"，"没有哪个人再写过像《战争论》这样一本对战争的各种现象进行全面分析的富有哲理的书"。

美国陆军军官、西弗吉尼亚大学军事科学教授罗伯特·R.莱昂哈德在谈及克劳塞维茨的《战争论》时说："这是一部有关西方军事思想的奠基性宏篇巨著之一。多年以来，我从克劳塞维茨的原著中直接获益匪浅，远远超过我从某些研究这位大师的所谓专家的文章和讲座中所得……许多评论者只是没完没了进行语义学上的争论，却看不到他的思想对未来战争的巨大作用。读一读克劳塞维茨的原著吧，他本人可比阐释者们更富有智慧。"

美国海军军事学院战略学教授托马斯·埃佐尔德认为，尽管人们对克劳塞维茨的才智的深度和广度以及他的巨大成就都作了评论，然而实际上无法用任何简单的方式对克劳塞维茨的任何较重要的理论和逻辑著作进行彻底的分析。"克劳塞维茨的战争理论同系统的历史研究相结合，构成了当代政治、军事领袖必须掌握的知识领域。这种必要的学习可进一步加强深谋远虑的思想修养；这种修养是管理国家事务所必不可少的，在战略上肯定也具有同等重要性"。

美国学者彼得·帕雷特在美国现代战略思想史的经典论著《现代战略的缔造者：从马基雅维利到核时代》中认为："克劳塞维茨开创了对于战争作为一个总体现象的非规定性、非评判性研究，《战争论》则仍然是这一传统当中的最重要著作……克劳塞维茨远远越出了战略思想在其中运行的成败界限，进至对战争的终极性质和动能进行探究……以相似于克劳塞维茨的客观探索精神来从事战争、并且具备他那种现实和理论结合能力的学者和军人是如此之少；这足以表明他的成就非同小可。"

在英国，著名军事理论家富勒在其《战争指导》一书中认为："克劳塞维茨对军事理论的杰出贡献，是他对战争与政治之间的关系的强调。"他对战争与政治关系的透彻分析，是无人可以与之相比的，并在日后愈发显得重要。克劳塞维茨所论述的大战略的本质，就是使战略服从政治。与之密切关联的是他关于打击敌人重心的理论，因为它控制着一切战争的大战略目标。

另一位英国著名军事理论家利德尔·哈特在其《战略论》一书中认为，克劳塞维茨对战争理论的最大贡献，是强调了心理因素的作用。他反对那个时代最时髦的几何派战略，阐明人

类精神要比那些作战线和作战角的观念重要得多。他还认为，
"战争是政治通过另一种手段的继续"的论点，是克劳塞维茨
关于战争定义的基础；它适用于整个战争时期，甚至和平时
期。同时他也认为，由于克劳塞维茨运用了康德哲学的表达方
式，因而其战争理论不仅过于抽象化，而且相当枯燥。

英国军事历史学家迈克尔·霍德华认为，克劳塞维茨的巨
著《战争论》可能在许多年里，将要成为一切认真从事战争与
和平问题研究的人的基本典籍。他的著述的深度和创造性把战
争研究引向了一个全新的阶段，其中善于从总体上探讨战略等
问题的一些观点，今后仍然是几乎所有谈此类问题的新理论的
出发点。

在日本，早在 1903 年，就以《大战学理》为名，翻译出
版了《战争论》。在日俄战争中，该书在日军中广泛传播，被
日军军官奉为军人的"圣经"。

日本《现代战略论》一书的作者小山内宏认为，克劳塞维
茨是近代制定科学战略论，具有军事天才的一个人。他的战争
哲学即战略理论，正在成为欧美现代战略思想的出发点。在现
代战争中，克劳塞维茨的这一战略思想仍以其所具有的现实意
义而向前发展。

日本《军事思想入门》一书的作者浅野佑吾认为，《战争
论》是最重要的古典军事著作，它阐明了有关战争及用兵的普
遍真理，具有较高的军事学术价值。尽管这部著作尚未最后定
稿，其许多内容都可能让人产生误会，但仍被世人推荐为不朽
的名著。

日本青山学院大学国际政治系教授伊藤宪一评价说："《战
争论》虽然是狭义的军事战略论，但它首先是一门无与伦比的

哲学，是人类关于战争这一现象的最本质的考察。"

瑞士著名军事理论家亨利·安托万·若米尼在其名著《战争艺术概论》中认为："任何人不能否认，克劳塞维茨是一位饱学之士，而且还有一枝如椽的巨笔。"只是其笔法有时不免太玄妙了。

在苏联，《论资产阶级军事科学》一书的作者 M. A. 米尔施泰因等人评价《战争论》说："许多年来，直到当代，克劳塞维茨的这本书一直是各国资产阶级军事专家、军官和将军们的必读书。克劳塞维茨死后，资产阶级军事科学还没有第二部如此完整地阐述最一般的战争原理和战争哲学的著作。"还认为，在资产阶级军事科学中，克劳塞维茨第一次明确而深刻地阐明了战争的实质和战争与政治的关系。克劳塞维茨在很大程度上发展了资产阶级军事科学，特别是在战争哲学、战争最一般的理论原则方面发展了资产阶级军事科学。

二、《战争论》在中国

在中国，早在 1911 年，就有取名《大战学理》的中译本《战争论》问世。译者在序言中评论道："是书分篇之众。理想之深。著述之宏富。说案之详明。非普通肤浅之军事学所可同日而语。"之后，又陆续出版过多种版本的《战争论》。

毛泽东对克劳塞维茨的《战争论》曾作过专门的研究。据毛泽东在延安的一本读书日记记载，他于 1938 年 3 月 18 日至 4 月 1 日，时断时续地读过《战争论》。毛泽东写道："十八日，开始看克劳塞维茨的《战争论》，P1—19 序言及目录，第一篇论战争之本质，从 P24 起，本日看完第一章，至第 55 止。"这一读书页码一直持续至第 168 页。从记载看，毛泽东对《战争论》颇感兴趣，当他拿到书的第一天，就一气读了五十五页。

据莫文骅回忆，毛泽东于 1938 年初，曾在延安凤凰岭自己的住处，组织过一个"克劳塞维茨战争论"研究会。该研究会每周开一次例会，每次从晚上七八点钟开始，到夜里十二点结束。先由何思敬从德文直译《战争论》，逐章介绍，然后大家讨论，最后由毛泽东讲述自己的意见。该会主要研讨了《战争论》的前一部分，毛泽东曾根据自己的学习体会，先后讲过集中兵力、战略划分等问题。

20 世纪 60 年代初，军事科学院组织人力重新对《战争论》进行了翻译。1964 年，叶剑英在看望一个军事理论写作班子时说："克劳塞维茨的《战争论》是很重要的军事理论著作，我们应该研究它。不但要研究，还应写出有分量的著作来介绍它，评价它，对它作出科学的分析……"

同年，总参出版局出版了由军事科学院译的《战争论》。1978 年，商务印书馆公开出版该译本，1982 年又将该译本列入"汉译世界学术名著丛书"重印。1985 年，解放军出版社又将该译本列为"外国著名军事著作丛书"公开出版，2005 年，又通过全面校订进行了重印。

附　录

年　谱

1780 年　6 月 1 日，生于普鲁士马格德堡附近的布尔格镇王室税务官
　　　　家庭。

1792 年　3 月，加入普鲁士军队，在波茨坦费迪南德亲王步兵团当军官后
　　　　补生。

1793 年　参加美因兹城围攻战。7 月 20 日，晋升为见习军官。

1795 年　晋升少尉，开始自学军事学等。

1801 年　入柏林军官学校学习。

1803 年　春，以优异成绩从柏林军官学校毕业。担任普鲁士奥古斯特亲
　　　　王的副官。

1804 年　11 月，晋升中尉。

1806 年　10 月，参加耶拿—奥尔施塔特之战，退却时与奥古斯特亲王被
　　　　法军俘虏。

1807 年　11 月，与奥古斯特亲王一起获释回国。

1809 年　2 月，调总参谋部，晋升上尉。3 月 1 日，任普鲁士军事改革委
　　　　员会主席沙恩霍斯特的办公室主任。

1810 年　8 月 29 日，晋升少校。任柏林军官学校教官，同时为王太子讲
　　　　授军事课。12 月 17 日，与普鲁士威廉王后女侍从长玛丽·冯·布吕
　　　　尔结婚。

1812 年　5 月，加入俄军，领俄军中校军衔，任富尔将军的副官。8 月，
　　　　改任俄第一军团伯爵师后勤补给官。参加斯摩棱斯克、博罗季诺会

战，获圣·符拉迪米尔勋章。11月，改任维特根施泰因军团参谋部参谋。12月，作为俄军的主要联络官，同普鲁士军队谈判。

1813年 4月，担任俄普联合军团驻布吕歇尔军团的联络官。8月，担任俄普联合军团瓦尔莫登军参谋长和总后勤部部长。9月，晋升为俄国皇家上校。10月，参加莱比锡之战。

1814年 4月，重返普军，由俄军上校转为普军步兵上校。

1815年 4月22日，被任命为普军布吕歇尔军团参谋长。6月，参加利尼会战，进军巴黎。战后被任命为一支新建军的参谋长。

1818年 5月9日，被任命为柏林军官学校校长。9月19日，晋升少将。开始战争理论的著述工作。

1830年 春，调到炮兵部门。将未经修改的《战争论》三千多页手稿包封并贴上标签，准备以后修改。8月，任布雷斯劳第二炮兵监察部总监。

1831年 3月，任普鲁士驻波兰边境监视军团参谋长。11月，返回布雷斯劳继续任第二炮兵监察部总监。11月16日，因患霍乱病逝，葬于布雷斯劳军人墓地。

1832年 《战争论》经其妻子玛丽整理后出版。